AF568381

Wir haben uns bemüht, alle Rechteinhaber an den aufgeführten Zitaten ausfindig zu machen und verlagsüblich zu nennen. Sollte uns dies im Einzelfall aufgrund der Quellenlage bedauerlicherweise nicht möglich gewesen sein, bitten wir um Hinweis durch den Rechtegeber.

FSC www.fsc.org MIX Papier | Fördert gute Waldnutzung FSC® C010328

Penguin Random House Verlagsgruppe FSC® N001967

Die Originalausgabe erschien unter dem Titel *Montessori a casa mia. Consigli e attività per crescere, giocare e imparare insieme* bei White Star s.r.l., Mailand, Italien.

2. Auflage 2023

Umschlag: Weiss Werkstatt München
Umschlagmotive: U1: © 123rf.com (Sergii Moskaliuk; Iuliia Burlachenko; Luo Hongzhi); © Bennian; StudioPhotoDFlorez / Shutterstock.com; © Archivio White Star
U4: © Mikhail Rulkov/123rf.com
Grafikdesign: Maria Cucchi
Druck und Bindung: Alföldi Nyomda Zrt., Debrecen
Printed in Hungary
ISBN 978-3-466-31148-4

www.koesel.de

MONTESSORI

IDEEN FÜR ZU HAUSE

Kreative Anleitungen für Kinder von 1 bis 6

Texte von Chiara Piroddi

Aus dem Italienischen von Judith Elze

Inhalt

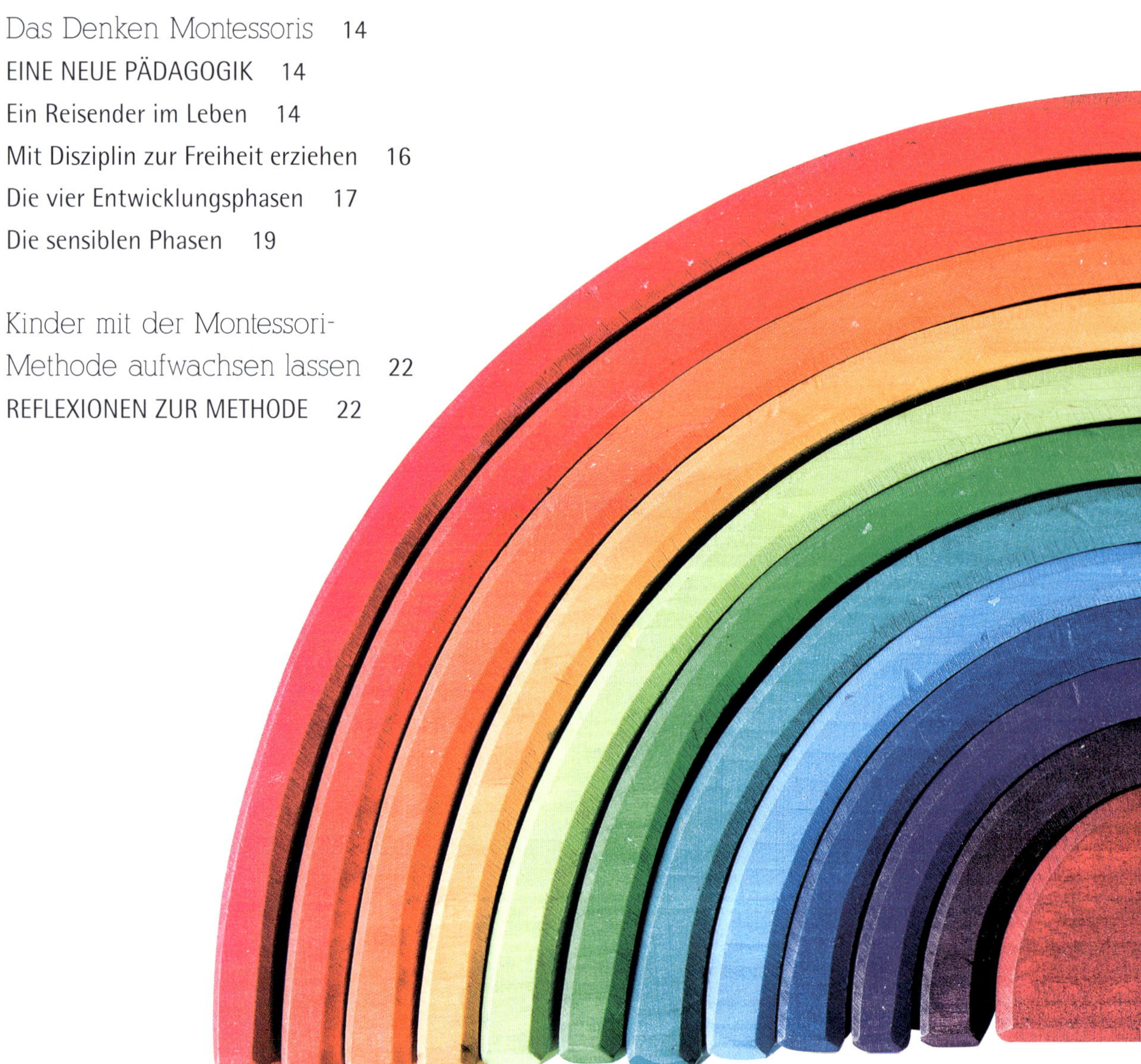

Einleitung

Die Erziehung eines Kindes ist eine ebenso wichtige wie komplexe Herausforderung. Heute stehen alle möglichen Anreize zur Verfügung, damit das Kind seine kognitiven Fähigkeiten ausprobieren und entwickeln kann. Doch welche Art und Weise ist die beste und welche Materialien sind am geeignetsten, um diese Entwicklung zu begünstigen? Welche Erziehungsmethode ist für das Kind am effektivsten?

Maria Montessori entwarf ihr pädagogisches Konzept ausgehend von einer Reflexion über die Bedeutung der Kindererziehung und ihres unschätzbaren Wertes für die Gesellschaft, denn sie bildet die Grundlage für ein friedliches Leben in einer besseren Welt.

»Dem Kind sind unbekannte Kräfte mitgegeben, die in eine hellere Zukunft führen können. Wenn wirklich eine Erneuerung angestrebt werden soll, muss die Entwicklung der Potenzen, die im Menschen liegen, Aufgabe der Erziehung sein.«

Das Kind hat ein grenzenloses kognitives und emotionales Potenzial, das in einer von Vertrauen, Respekt und Liebe getragenen Beziehung den Raum und die Möglichkeit hat, sich optimal zu entfalten.

Laut Montessori versteht es ein verantwortungsvoller Erwachsener, der die eigenen Schwächen und Stärken kennt, geduldiger Beobachter, erfahrenes Vorbild und liebevolle Führung zu sein, und schafft so die besten Voraussetzungen für das Kind, damit es Sicherheit sowie ein Gefühl von Selbstwirksamkeit und Autonomie entwickeln kann.

Inspiriert von den Prinzipien der Montessori-Methode, bietet das vorliegende Buch Eltern von Kindern zwischen einem und sechs Jahren interessante Denkanstöße und praktische Vorschläge für Tätigkeiten zu Hause und im Freien, die die Entwicklung der Kinder bestmöglich fördern, indem sie sie in ihrer Selbstständigkeit und inneren Sicherheit bestärken. Nach einer kurzen Einführung in die Ursprünge und Grundlagen der Montessori-Methode folgen Hinweise, wie Eltern die Lernfenster der eigenen Kinder am besten erkennen, welche Haltung sie im gemeinsamen Spiel einnehmen, welche spielerischen Tätigkeiten sie herstellen und vorschlagen können, wie sie die im Handel vorhandenen Spiele an die Montessori-Prinzipien anpassen und zu Hause ein für die Bedürfnisse der Kinder geeignetes Umfeld schaffen können.

Der Montessori-Ansatz wird hier jedem zugänglich – dank konkreter Beispiele, Bilder, Empfehlungen und Strategien für eine einfache Anwendung zu Hause und im Alltag.

Historisches

Maria Montessori und die Geburt einer neuen Pädagogik

Maria Tecla Artemisia Montessori wurde am 31. August 1870 in Chiaravalle bei Ancona geboren. Sie war eine vielseitige, zähe und höchst intelligente Wissenschaftlerin, die die Forschung liebte und als erste Frau in Italien ein Medizinstudium abschloss. Sie bildete sich in Pädagogik, Neuropsychiatrie und Anthropologie und setzte sich als glühende Feministin stets für ihre Ideale ein. Sie konzentrierte sich lebenslang vor allem auf soziale und kulturelle Themen, wobei sie sich den ärmsten Schichten und den Rechten der Frauen widmete. Sie war eine Verfechterin von Frauenemanzipation und Friedensvorschlägen, ohne je politisch Partei zu ergreifen. Stattdessen versuchte sie, die politischen Führungskräfte zum Nachdenken und zu innovativen Lösungen für eine bessere Gesellschaft anzuregen.

Dank ihres Wissensdrangs und Unternehmungsgeists, einer Sensibilität für soziale Themen und der Liebe zu Kindern war sie viel in Europa und den USA unterwegs und verbrachte ihr Leben mit Studium und Forschung. Mit ihren Erkenntnissen über das Kind und den entsprechenden Erziehungsmethoden hinterlässt sie ein immenses kulturelles Erbe.

Maria Montessori wuchs in einer bildungsbürgerlichen, katholischen Familie auf und machte sich später die Ideale des liberalen Risorgimento und des Kampfes gegen den Totalitarismus zu eigen. Ihr Vater Alessandro Montessori, der aus Ferrara stammte, war ein Beamter des Finanzministeriums. Die Mutter Renilde Stoppani kam aus einer Familie kleiner Grundbesitzer aus den Marken. Eines ihrer wichtigsten Vorbilder war ihr Onkel Antonio Stoppani, ein Abt und Wissenschaftler, der sich von früh an um die Vereinbarkeit von Glauben und Wissenschaft bemühte. Die junge Maria Montessori orientierte sich in ihrer Ausrichtung aufs Studium und ihrem leidenschaftlichen Wissensdurst an ihm.

Ihre Kindheit verbrachte sie in Florenz und Rom, wo sich die Familie 1875 niederließ. Sie lernte gern und strebte zunächst ein Ingenieursstudium an.

Nachdem sie jedoch von 1883 bis 1886 eine technisch ausgerichtete Schule besucht hatte, merkte sie, dass dies nicht ihren Neigungen entsprach. Nach dem Abitur begannen die Auseinandersetzungen mit ihrem Vater, der wollte, dass seine Tochter Lehrerin wird. Dies entsprach aber nicht den Interessen der jungen Maria, die unbedingt Biologie studieren wollte. Damals war jedoch eine Anmeldung zum Studium an der Medizinischen Fakultät Abgängern des klassischen Gymnasiums vorbehalten. Also schrieb sich Maria 1890 an der Fakultät für Naturwissenschaften ein und wechselte zwei Jahre darauf an die medizinische Fakultät.

Maria Montessori im Jahr 1951, als die von ihr entwickelte Methode längst international Verbreitung gefunden hatte, mit den kleinen Schülern einer Londoner Schule.

Ein Bild vom Alltag einer Montessori-Schule in den USA.
Um 1912 war die American Montessori Society in der Gesellschaft fest verankert.

Nach Abschluss des Medizinstudiums lernte sie 1895 ihren Kollegen Giuseppe Montesano kennen (den späteren Vater ihres Sohnes Mario). Durch diese Begegnung spezialisierte sie sich an der Psychiatrischen Klinik der Universität Rom auf Neuropsychiatrie. So begann sie ihre Laufbahn als Forscherin, mit Schwerpunkt zunächst auf den in den ärmsten Stadtteilen Roms vorhandenen Bakterien und Krankheiten, später auch auf Geisteskrankheiten.

Um 1900 startete sie ein Forschungsprojekt im römischen »Irrenhaus« Santa Maria della Pietà, wo sich neben Erwachsenen mit psychiatrischen Erkrankungen auch emotional extrem vernachlässigte Kinder mit Behinderungen oder Verhaltensstörungen befanden. Montessori merkte schnell, dass die im Irrenhaus eingesetzten Erziehungsmethoden den psychophysischen Fähigkeiten dieser kleinen Wesen nicht entsprachen und widmete ihnen mit Liebe und Menschenfreundlichkeit ihre ganze Aufmerksamkeit.

So entwickelte sich ihr tiefes Interesse für Kinder mit geistiger Behinderung, wobei sie sich vor allem von den Werken Jean Marc Gaspard Itards und Édouard Séguins inspirieren ließ.

In der Zwischenzeit fanden weltweit politische Kämpfe um Bürgerrechte und soziale Errungenschaften statt. Maria Montessori begann, sich für die Emanzipation der Frau zu interessieren, und nahm 1896 in Berlin am ersten Kongress des International Council of Women zu den Rechten der Frau teil. Zeitlebens setzte sie sich für die Frauenrechte ein und stand bei Demonstrationen und feministischen Kongressen stets an vorderster Front.

Am 31. März 1898 brachte sie ihren Sohn Mario zur Welt, der aus der Beziehung mit Montesano hervorgegangen war. Die Beziehung mit dem Kollegen blieb lange geheim, da sie in den Wissenschaftskreisen nicht gut aufgenommen worden wäre. Folglich musste auch der Sohn in aller Heimlichkeit geboren werden und wurde sogleich in Pflege gegeben. Erst 1913 bekam sie ihn zurück.

Im September 1898 nahm Montessori am Pädagogischen Kongress in Turin teil. Dort hielt sie eine wichtige Rede über die Beziehung von Medizin und Pädagogik und trat erstmals für eine Erziehung ein, die spezifisch auf Kinder mit geistigen Problemen ausgerichtet sein sollte. Es war ihr Versuch, die öffentliche Meinung für das Thema zu sensibilisieren.

Und sie erreichte ihr Ziel. Im Jahr 1906 wurde ihr die Organisation eines Kindergartens für die Arbeiterkinder in einem der neuen Sozialwohnungshäuser in Rom übertragen. So entstanden die ersten Kinderhäuser, in denen sich die Montessori-Erziehung konkretisieren konnte. Das erste Haus wurde am 6. Januar 1907 eröffnet, das zweite am 7. April desselben Jahres und 1908 eröffnete ihre treue Schülerin Anna Maria Maccheroni ein weiteres in Mailand. Diese neuen Schulen wurden so eingerichtet, dass das Kind sie als ihm gemäß empfinden konnte, daher der Name Kinderhaus.

1909 wurde in Rom ein viertes Kinderhaus beim Franziskanerinnen-Orden »Suore Missionarie francescane di Maria« eröffnet, um Kinder unterzubringen, die durch das Erdbeben 1908 in Messina und Reggio Calabria zu Waisen geworden waren. Die Ordensschwestern führten dort die Tätigkeiten des praktischen Lebens ein, die später wiederum zentraler Bestandteil der Montessori-Methode werden sollten.

Aus all diesen Erfahrungen entstand 1909 das erste und wichtigste Werk Montessoris, das unter dem Titel *Selbsttätige Erziehung im frühen Kindesalter* 1913 auf Deutsch erschienen ist. In dem weltweit anhaltend erfolgreichen Buch führt sie innovative Konzepte und revolutionäre Methoden wie die Sinneserziehung mittels strukturierter Materialien ein, ebenso die Möglichkeit, dem Kind Freiheit zu lassen und ihm respektvoll zu begegnen und die Ablehnung von Wissensvermittlung durch Belohnung und Strafe. Statt mit traditionellen Methoden, zu denen Vorlesen und Auswendiglernen gehörten, wurden die Kinder bei der Montessori-Methode unter Nutzung konkreter Werkzeuge unterrichtet, was viel bessere Ergebnisse zeitigte.

Die Methode wurde 1910 erstmals in einer Grundschule eingeführt und um 1920 entstand eine Erweiterung der Methode, die auch bei den Kleinsten anwendbar war. So schuf Maria Montessori zwei unterschiedliche

Gartenarbeit und die Pflege kleiner Tiere sind in den 20er Jahren innovative Methoden der Montessori-Schule, um Kindern die Liebe zur Natur zu vermitteln.

Kleinkind-Krippenbereiche: einen für Kinder von 2 bis 15 Monaten und einen für Kinder ab 15 Monate bis 2 ½ Jahre.

Der Ruhm der Montessori-Methode gelangte schnell auch nach Übersee. Erzieher reisten aus den USA an, um die Kinderhäuser zu besuchen und sie dann auch in Amerika einzuführen.

Das Werk Montessoris erschien in 58 Ländern und wurde in 36 Sprachen übersetzt. Es bildeten sich nach Montessori ausgerichtete Erziehervereinigungen: unter den ersten die Montessori Society of Scotland, die British Montessori Society und die American Montessori Society. Auch in Italien entstand 1916 ein Nationales Montessori-Komitee.

1915 ließ Maria Montessori sich in Barcelona nieder, wo ihre Schülerin Maccheroni ein Kinderhaus gegründet hatte. Während ihrer Zeit in Katalonien verband Montessori ihre Methode verstärkt mit ihrem katholischen Glauben, was dazu führte, dass in der Montessori-Modellschule in Barcelona eine Kapelle für Kinder eingerichtet wurde. Es folgten einige Werke, die sich mit den spirituellen Aspekten der Methode befassten.

1922 wurde Maria Montessori zur Inspektorin der italienischen Montessori-Schulen ernannt und sie führte ihre Methode in 20 neapolitanischen Grundschulen ein. Zunächst schien das junge faschistische Regime in Italien das Wirken Montessoris, deren Anerkennung im Ausland es zu schätzen wusste, zu unterstützen. Die nach dem Philosophen und faschistischen Bildungsminister Giovanni Gentile benannte Gentile-Reform sah die Möglichkeit vor, die Montessori-Methode an Schulen einzuführen. Mussolini selbst nahm Kontakt mit der Pädagogin auf und versicherte sie seiner Unterstützung. So entstand die Opera Nazionale Montessori (ONM) mit Niederlassungen in Rom und Neapel. Sie ermöglichte

die Veröffentlichung von Büchern, die Eröffnung neuer Schulen, die Herstellung von Montessori-Lehrmaterial sowie die Ausrichtung von Kursen für Erzieher.

Protegiert von zwei bekannten Persönlichkeiten – Sigmund Freud und Jean Piaget -, wurde 1929 die Internationale Montessori-Gesellschaft (AMI – Association Montessori Internationale) mit Sitz in Rom gegründet. Doch Montessoris Traum ließ sich nicht mit der totalitären Epoche vereinbaren. Die wesentliche Stellung der Freiheit und die universelle Hinwendung zum Frieden, die den Kern ihrer Pädagogik ausmachten, wurden vom Nazi-Regime als verrückt angesehen.

Auf dem Höhepunkt der politischen und kulturellen Krise wurden die Montessori-Schulen in Italien und Deutschland geschlossen. Der Hauptsitz der AMI musste 1935 nach Amsterdam verlegt werden. Maria Montes-

In dieser Berliner Montessori-Schule werden die Buchstaben und die Zusammensetzung von Wörtern mittels haptischer Materialien gelehrt.

sori fand mit ihrem Sohn in Spanien Zuflucht, wo sie ihre Werke insgeheim weiterhin verbreitete. In Barcelona veröffentlichte sie 1934 einige Schriften mit ihren in Rom gesammelten Erfahrungen, u. a. *Psychoarithmetik* und *Psychogeometrie*.

Der Ausbruch des spanischen Bürgerkriegs 1936 zwang die Montessoris, zunächst nach England, dann nach Holland zu ziehen, bis sie sich 1939 nach Indien begaben.

Hier traf die Pädagogin Gandhi wieder, den sie schon in London kennengelernt hatte und mit dem sie die Vorstellung verband, dass ein gesellschaftlicher, dem Frieden zugewandter Wandel notwendig sei. Als Montessori in Indien einen Lehrerkurs leitete, bekam sie tiefe Einblicke in die dortige Kultur und lebte in Berührung mit der Natur. Dies inspirierte sie zur Formulierung eines neuen Konzeptes: das der »kosmischen Erziehung«, die darauf abzielt, das Wissen über und die Liebe zur Natur, zu den Tieren, zum Frieden und dem Leben an sich zu wecken und zu entwickeln. So fanden die Gartenarbeit und, wo möglich, die Pflege kleiner Tiere Einzug in die Montessori-Schulen.

Der Ausbruch des Zweiten Weltkriegs hielt Montessori in Indien fest, wo sie ihre Studien über die Entwicklung Neugeborener und den Verstand des Kindes fortsetzte und weitere Bücher veröffentlichte.

Nach Kriegsende kehrte Maria Montessori 1947 nach Italien zurück, um die ONM neu zu organisieren und die Montessori-Schulen wiederzueröffnen. Dabei behielt sie jedoch ihren Wohnsitz in Amsterdam bei und bereiste weiter die Welt. Sie war weltbekannt und sogar für den Friedensnobelpreis nominiert.

Montessori starb am 6. Mai 1952 in Noordwijk aan Zee (Niederlande) und wurde dort auf dem katholischen Friedhof begraben.

Montessoris Philosophie ist in ihrem erzieherischen und didaktischen Wert und ihrer Wirksamkeit international anerkannt, unabhängig von Kulturen und Religionen: Schätzungsweise gibt es weltweit 65 Millionen Montessori-Einrichtungen und -Schulen, vertreten von Amerika über Afrika bis nach Asien.

In Europa existieren etwa 2800 Schulen. Die größte Verbreitung findet die Montessori-Pädagogik mit Sicherheit in den angelsächsischen und skandinavischen Ländern, die der Kindererziehung schon immer eine besondere Bedeutung für die Gesellschaft beigemessen haben.

In Italien hingegen ist die Zahl der Montessori-Schulen bis heute gering, es sind nur etwa 200.

Das Denken Montessoris

Eine neue Pädagogik

Maria Montessori war zweifellos eine Pionierin und Kulturrevolutionärin in der Pädagogik. Ihr Ziel war, mit Hilfe der Kindererziehung, eine Veränderung des Menschen von Grund auf. Mit ihrer empirischen Ausrichtung versuchte sie, auf Grundlage direkter Beobachtung und objektiver Vergleiche eine wissenschaftliche Pädagogik ins Leben zu rufen. Ausgehend von Studien zur Anthropologie und experimentellen Psychologie, beobachtete sie Kinder und deren spontane Veränderungen in der Überzeugung, dass »eine der Grundlagen der wissenschaftlichen Pädagogik« eine Schule sein *müsse*, die »die Entwicklung spontaner Äußerungen und individueller Lebhaftigkeit des Kindes« gestatte.

Montessori hielt eine soziale Veränderung, eine Erneuerung der menschlichen Beziehungen, die durch die totalitären Systeme beschädigt waren, für notwendig. Ihr Denken ging von der Existenz einer repressiven Gesellschaft aus, die meinte, den Menschen einsperren und lenken zu müssen und dadurch kontrollieren zu können, statt seiner Ausdrucksfreiheit Raum zu schenken und auf seine natürliche Entwicklung zu vertrauen. Sie glaubte, dass die damals modernen pädagogischen Methoden »durch die Unterdrückung der spontanen Kreativität des Kindes zu einer Verfinsterung und zum Tod des natürlichen Lebens« führten.

Ihre Lehre ist daher nicht einfach nur eine Methode, sondern ein echter pädagogischer Ansatz, bei dem es um eine Veränderung des Menschen geht, und zwar aus der Überzeugung heraus, dass Kinder, die in Liebe und mit Respekt gegenüber ihrer Individualität und der Freiheit des Seins aufwachsen, zu verantwortlichen, vertrauenswürdigen Erwachsenen werden, die ihre moralischen Werte wiederfinden können.

EIN REISENDER IM LEBEN

»Die Größe der menschlichen Personalität beginnt mit der Geburt des Menschen. Diese (...) Behauptung führt zu einer Schlussfolgerung, die sonderbar erscheinen mag: die Erziehung müsste mit der Geburt beginnen.« Wie viele Menschen haben bisher gedacht, dass ein Kind schon von Geburt an ein Individuum mit eigenem psychischem Leben, eigenen Gedanken, angeborenen Fähigkeiten und einer Neugier für seine Umgebung ist? Für manche mag das seltsam klingen. Denn noch heute ist die Meinung verbreitet, dass ein neugeborenes Kind nichts sei als ein kleiner Körper, der entsprechend unserer Rhythmen und Bedürfnisse gesäubert, ernährt und zum Schlafen gebracht werden müsse.

Montessori hatte dagegen schon vor hundert Jahren eine radikal andere Vision. Für sie war das Kind der Kern ihrer kulturellen Überlegungen. Sie glaubte nicht an die Trägheit der Neugeborenen und schrieb ihnen schon von den ersten Lebensstunden an entscheidende psychische Kräfte zu: »Jedes Wesen, das auf die Welt kommt, enthält in sich bereits Funktionen, die nicht die seiner physiologischen Organe sind, sondern von seinen Instinkten abhängen.«

Sie war der Auffassung, Kinder hätten eine gefangene Seele, die Tag für Tag versuche, hervorzukommen, sich zu zeigen und zu wachsen, indem sie den verschiedenen Körperteilen Leben einhauche und die für das Lernen unverzichtbaren Bewegungen erschaffe.

Dank Montessoris Denken entstand viel Raum für pädagogische Überlegungen zu den ersten Lebensjahren des Kindes, das bis dahin gesellschaftlich als schwach und daher vom Erwachsenen zu unterstützendes Wesen behandelt wurde. Im Gegensatz dazu beobachtete Montessori, dass gerade in den ersten drei Lebensjahren die Grundlagen für die Entwicklung des späteren Erwachsenen geschaffen werden. Die dem Kind angeborenen Kräfte und Fähigkeiten finden in einer freundlichen, spontanen Umgebung einen fruchtbaren Boden, um sich auszudrücken. Das Kind verfügt über einen *absorbierenden Geist* oder die mentale Fähigkeit, aus seinen direkten Erfahrungen unglaublich schnell und unmittelbar Wissen zu absorbieren und auf diese Weise Handlungs- und Verhaltensmuster zu entwickeln. Die Montessori-Erziehung fängt also bei der ersten Begegnung zwischen dem Kind und seinen Eltern an, bei den allerersten Entdeckungen der Welt, bei seinem instinktivsten, spontansten und allein von den Naturgesetzen diktierten Verhalten. Hält der Erwachsene inne und betrachtet das Neugeborene, kann er eine Welt an Gelegenheiten entdecken, die nicht verpasst werden dürfen, die er vielmehr aufgreifen und ermöglichen muss.

Das Kind ist von Natur aus ein leidenschaftlicher Erforscher der Umgebung, der es sich instinktiv zuwendet. »Es ist wie ein Reisender im Leben«, stellt Montessori fest, »der das Neue um sich herum beobachtet, das sich ihm darbietet, und versucht, die unbekannte Sprache seiner Umgebung zu verstehen und spontan große Anstrengungen macht, um zu begreifen und nachzuahmen.«

MIT DISZIPLIN ZUR FREIHEIT ERZIEHEN

»Es ist nicht gesagt, dass ein Mensch nur dann diszipliniert ist, wenn er künstlich so still wie ein Stummer und so unbeweglich wie ein Gelähmter geworden ist. Hier handelt es sich um einen geduckten und nicht um einen disziplinierten Menschen.«

Im ersten Moment könnte man Montessoris Denken als zu komplex empfinden, um sich ihm anzuschließen, da es im Gegensatz zu dem zu stehen scheint, was uns unsere Kultur über die Jahre vermittelt hat. Erziehung wurde als Form der Machtausübung verstanden: Der Erwachsene als Besitzer von Wissen war Erzieher eines noch formlosen Menschen, der zu gestalten, zu erziehen war.

Im Gegensatz dazu ist Erziehung laut Montessori nichts, was dogmatisch vom Lehrer vermittelt wird, sondern ein *natürlicher Prozess*, der sich kraft der spontanen Erfahrungen, die innerhalb der eigenen Umgebung erlebt werden, ereignet.

Montessori besteht darauf, dass das Kind **Freiheit** braucht, um seine *Kreativität*, die es von Natur aus besitzt, die jedoch von den gesellschaftlichen Regeln und ständigen Einmischungen seitens der Erwachsenen unterdrückt wird, entfalten zu können. Aus dieser Freiheit erwächst sein *Verantwortungsgefühl*, von dem sich die *Disziplin* ableitet. Montessori hat die beiden gegensätzlich scheinenden Begriffe Freiheit und Disziplin eng miteinander verbunden: »Wir nennen einen Menschen diszipliniert, wenn er Herr seiner selbst ist und folglich über sich selbst gebieten kann, wo es gilt, eine Lebensregel zu beachten.«

Heißt das, ein Kind hätte unbegrenzte Handlungsmöglichkeiten? Mitnichten. Die Freiheit des Kindes ist durch das kollektive Interesse begrenzt; daher ist das Üben von Selbstkontrolle bei allen Verhaltensweisen, die anderen schaden können oder sozial unverträglich sind, Teil des Erziehungsprojekts.

Und der Erwachsene? Welche Rolle spielt er in einem auf Freiheit gründenden Erziehungssystem? Er muss eingrei-

DIE VIER ENTWICKLUNGSPHASEN

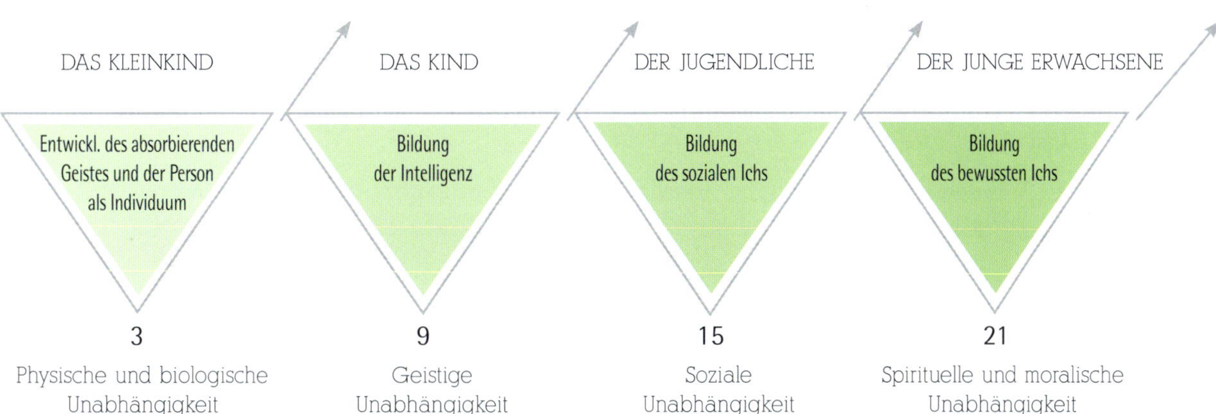

fen, um dem Kind beim Erobern der Freiheit zu helfen. Sein Eingriff beschränkt sich auf ein Minimum. Er ist diskret, respektvoll gegenüber der vom Kind benötigten Zeit, nie aufdringlich oder repressiv, er nimmt nichts vorweg und macht ihm nichts vor. Sein Eingriff ist maßvoll, da übermäßige Hilfe insofern nachteilig ist, dass sie dem Kind seine Ausdrucksmöglichkeit verweigert. Der Erwachsene lenkt und stützt mit viel Geduld und Beobachtungsgabe. Das klingt nach einer erstaunlichen Methode, doch wie soll das gehen? Keine Angst, darauf kommen wir noch.

DIE VIER ENTWICKLUNGSPHASEN

Die Montessori-Pädagogik baut auf einer holistischen Sichtweise des Menschen auf, sie berücksichtigt die physischen, emotionalen und intellektuellen Eigenschaften des Individuums in seinen verschiedenen Lebensphasen, von der Geburt bis ins Erwachsenenalter. Montessori hat vier große Phasen in der Persönlichkeitsentwicklung ermittelt. Eine Kenntnis dieser unterschiedlichen Entwicklungsphasen erlaubt es, die Bedürfnisse des Neugeborenen, Kleinkindes, Jugendlichen und jungen Erwachsenen besser zu verstehen und so die Entwicklung des jeweiligen Potenzials bestmöglich zu fördern.

Das oben dargestellte Schema zeigt die einzelnen Phasen und die ihnen zugeordneten ungefähren Altersspannen. Die zur Darstellung verwendeten Dreiecke symbolisieren die Tatsache, dass in jeder Phase eine Zunahme hin zu einem maximalen Ausdruck des jeweiligen Bedürfnisses, gefolgt von einem langsamen Nachlassen, durchlaufen wird, um dann mit der nächsten Phase neuen Bedürfnissen Platz zu machen. Sehen wir uns die vier Phasen im Detail an.

1. PHASE – 0 BIS 6 JAHRE: DER ABSORBIERENDE GEIST

Dies ist die Phase des Kleinkindalters und der zunehmenden Ausbildung der Person als Individuum.
Hier ist der Geist des Kindes wie ein Schwamm, der alles in seiner Umgebung aufsaugt. Das Kind besitzt eine hohe Sensibilität für sein Umfeld: alles, was es umgibt, weckt sein Interesse und seine Begeisterung, sodass sein Gehirn aktiviert und im Körper eine Veränderung hervorgerufen wird. »Die Eindrücke dringen nicht nur in seinen Geist ein, sondern formen ihn.« Das bedeutendste Beispiel dafür bietet die Sprache. Das Kind braucht Sprache nur zu hören und schon nimmt

das Gehirn nach und nach die phonologische, grammatikalische und syntaktische Struktur auf und gibt sie immer genauer wieder.

In jeder Entwicklungsphase ist das Kind durch besondere angeborene Empfänglichkeiten gekennzeichnet: die sogenannten »sensiblen Phasen«, auf die wir später noch näher eingehen.

Die für das Alter von 0 bis 6 relevanten Bedürfnisse zielen auf den Aufbau der eigenen Autonomie: Das Kind möchte Dinge selbstständig tun, es sucht **physische Unabhängigkeit**. Hier sollte der Erwachsene ihm beistehen, ihm helfen, Dinge selbstständig zu tun, sich von äußerer Hilfe zu emanzipieren und sich als abgetrenntes, unabhängiges Individuum zu begreifen. Dabei geht es um Tätigkeiten des **praktischen Lebens** – die Kinder lernen, sich um sich und ihre Umgebung zu kümmern.

2. PHASE – 6 BIS 12 JAHRE: DIE BILDUNG DER INTELLIGENZ

Jetzt wird dem Kind zugetraut, sich einem strukturierteren Umfeld, wie etwa der Schule, auszusetzen. Das Kind versteht den Lehrer, hört ihm zu, befragt ihn und bewegt sich, gelenkt von seinen ersten logischen Schlussfolgerungen und Überlegungen, in der Welt. Es hat einen intensiven Wissensdurst, liebt es daher, die Welt der Naturwissenschaft und der Natur zu erkunden und sucht nach logischen Erklärungen für die es umgebenden Phänomene. In dieser Phase erfolgt der wichtige Übergang vom konkreten zum **abstrakten Denken**. Daher fühlt sich das Kind nun auch von der nicht konkret wahrnehmbaren Umgebung angezogen, es verwendet seine Vorstellungskraft und Fantasie und erfindet Geschichten. Das Kind möchte alleine denken: Es bemüht sich um **intellektuelle Unabhängigkeit**.

3. PHASE – 12 BIS 18 JAHRE: DIE BILDUNG DES SOZIALEN ICHS

Dies ist die gefürchtete Jugendzeit, in der unsere Kinder ihre Identität radikal zu verändern scheinen. Sie werden aufmüpfig, exzentrisch, instabil und leidenschaftlich und suchen krampfhaft nach einer Identität. In diesem Stadium besteht das Hauptbedürfnis des Jugendlichen darin, eigenständig zu denken, aber auch **emotional unabhängig** zu sein, sich also von der elterlichen Fürsorge weniger abhängig zu fühlen.

Der Jugendliche muss sich auf die Probe stellen, Freundschaften bilden, neue, andere Realitäten erfahren und ein Zugehörigkeitsgefühl zu Gruppen jenseits der Familie aufbauen, die dieser häufig entgegenstehen. Sein kulturelles Interesse wächst und er beginnt zudem ein ethisches Bewusstsein auszureifen, indem er sozialen und moralischen Werten mehr Bedeutung beimisst.

In dieser Phase hat der Erwachsene eine schwierige Rolle, die es erfordert, zwischen dem Bedürfnis des Jugendlichen nach Autonomie und Schutz zu vermitteln.

4. PHASE – 18 BIS 24 JAHRE: DIE BILDUNG DES BEWUSSTEN ICHS

Diese letzte Phase ist die der Reifung und Festigung eines Gleichgewichts. Nach der ruhelosen Identitätssuche hat der Jugendliche ein eigenes Bewusstsein entwickelt, ein eigenständiges Denken über die Welt und über sich; er hat sich Ziele und Ideale gesetzt. In dieser Phase bildet er eine persönliche Werteskala, legt fest, was für ihn richtig oder falsch ist, wonach er sich richten will. Er ist bereit, sich jenseits von der Herkunftsfamilie seinen Platz in der Welt zu schaffen.

DIE SENSIBLEN PHASEN

»Hat das Kind (...) nicht die Möglichkeit gehabt, gemäß den inneren Direktiven seiner Empfänglichkeitsperioden zu handeln, so hat es die Gelegenheit versäumt, sich auf natürliche Weise eine bestimmte Fähigkeit anzueignen; und diese Gelegenheit ist für immer vorbei.«

Im Lauf seiner Entwicklung durchläuft das Kind einige Etappen, die von einer besonderen Empfänglichkeit für bestimmte Impulse und Elemente geprägt sind: Montessori nennt sie **die »sensiblen Phasen«**. Sie sind eine Art Ruf der Natur, instinktiv und unwiderstehlich für das Kind. In diesen Phasen sollten Erwachsene den Kleinkindern jeweils die Anregungen liefern, für die sie am empfänglichsten sind, und so ihre Fähigkeiten fördern. Die Lernfenster sind begrenzt: Nur solange sie weit offen stehen, besteht eine Leichtigkeit im Lernen. Ein Beispiel ist die Sprache, die Kinder bis zum Alter von sieben Jahren am leichtesten aufnehmen können. Danach verlagert sich das Lernfenster und die Leichtigkeit nimmt ab. Wollen wir, dass unsere Kinder mehrere Sprachen lernen, sollten wir ihnen die Mehrsprachigkeit im Vorschulalter anbieten, weil sie dann einfach, natürlich und schnell lernen, während sie im Schulalter einen größeren mentalen Aufwand leisten müssen.

0 BIS 1 JAHR: DIE SENSIBLE BINDUNGSPHASE

Das erste Lebensjahr ist der Bildung der **Eltern-Kind-Bindung** gewidmet, jenes emotionalen und psychologischen Bandes zwischen Kind und Elternteil, das lebensnotwendig ist und zu dem wir alle genetisch veranlagt sind. Innerhalb der Dyade Mutter-Kind bildet sich ein Verhältnis gegenseitiger Abhängigkeit heraus, sodass sich die Mutter um die Grundbedürfnisse ihres Kindes kümmert und sein Überleben sichert. Kinder erkunden und erkennen die Welt zunächst über den Körper und den Geist ihrer Mutter. In dieser Phase sind die emotionale Nähe und ständige Präsenz der Erwachsenen sowohl körperlich wie auch mental das wichtigste Bedürfnis der Kinder, das es zu stillen gilt. Daher sind die beständigen Forderungen nach Nähe und Fürsorge, die Proteste, wenn der Elternteil sich entfernt und die Schwierigkeiten, heikle Momente wie das Einschlafen, das Entdecken von Essbarem oder die Anwesenheit Fremder allein zu bewältigen, völlig normal. Jetzt sollten diese Bedürfnisse des Kindes gestillt werden, damit es eine sichere Bindung erfährt.

0 BIS 6 JAHRE: SENSIBLE ORDNUNGSPHASE

Wie oft stellen wir fest, dass Kinder Gewohnheitsmenschen sind, Routine benötigen und vorhersehbare Verhaltensmuster zeigen? Montessori nennt dies das **»Bedürfnis nach Ordnung«**, die Notwendigkeit, Ereignissen eine logische Bedeutung zu geben und jeder realen Sache ihren Platz und eine eigene Funktion zuzuordnen. Eine geordnete Umgebung bedeutet für ein Kind, Bezugspunkte zu haben: zu wissen, wo sich seine Lieblingssachen befinden, welche Funktion einzelne Dinge haben, genaue Verhaltensabläufe zu kennen – dass man sich zum Beispiel, bevor man das Haus verlässt, die Schuhe anzieht oder mit Löffel und Gabel isst, die sich immer in derselben Schublade befinden. Wenn wir unser Umfeld und unser Handeln klar, geordnet und vorhersehbar gestalten, können Kinder Vertrauen aufbauen und die Welt als freundlichen, gut einschätzbaren Ort wahrnehmen, an dem sie sich unbesorgt bewegen können.

6 MONATE BIS 6 JAHRE: SENSIBLE BEWEGUNGSPHASE

Der Bedeutung von Bewegung hat Montessori verschiedene Kapitel in ihren Schriften gewidmet. Die Muskeln sind ein Relationssystem, weil sie den Menschen mit der Welt und mit anderen Menschen verbinden. Daher werden Kinder das starke Bedürfnis haben, immer feinere und komplexere Bewegungen zu entwickeln, die ihnen eine Interaktion mit ihrer Umgebung ermöglichen. Ab dem Alter von sechs Monaten, wenn die Kinder sitzen können und somit eine andere Perspektive auf ihre Umgebung bekommen, werden sie sich stark auf diese zubewegen wollen: Sie wollen alles anfassen, was sie sehen, in die Hand nehmen, was in greifbarer Nähe

ist, interessante Objekte erreichen, die weiter weg sind. Sie lernen also, sich zu rollen, zu kriechen, zu krabbeln und schließlich zu gehen. Und später werden sie sich immer bewusster und komplexer auch laufend und kletternd im Raum bewegen wollen. Auch feine Bewegungen werden nun immer interessanter: Die Kinder wollen Deckel abdrehen, kleine Objekte aufnehmen, an Schnüren und Reißverschlüssen ziehen usw. Und jede gelungen ausgeführte Bewegung ruft eine unendliche Befriedigung hervor. Daher darf man ihren Bewegungsausdruck nicht behindern und sollte ihnen Räume und Materialien anbieten, in und mit denen sie völlig frei experimentieren können – immer im Rahmen ihrer körperlichen Sicherheit und Fähigkeiten.

0 BIS 7 JAHRE: SENSIBLE SPRACHPHASE

Die Sprache hat als Grundlage des sozialen Lebens eine große Bedeutung für die Kindesentwicklung. Schon in den ersten Lebensmonaten sind Kinder von den Mundbewegungen derjenigen fasziniert, die mit ihnen reden und lieben die Stimmen, die sie schnell zu unterscheiden lernen. Der Spracherwerb erfolgt langsam und fortlaufend, er folgt dem natürlichen, individuellen Entwicklungsrhythmus. Die Anziehungskraft der Sprache verspüren alle Kinder – unabhängig von der Geschwindigkeit, mit der sie sprechen lernen. Daher sollte man ihnen mittels Vorlesen, Erzählen und häufigen Gesprächsinteraktionen Stimuli bieten. Ab einem Alter von drei Jahren sind auch Entwicklungsmaterialien einsetzbar, die es Kindern erlauben, an ihren Sprachkenntnissen und am Alphabet zu arbeiten.

0 BIS 6 JAHRE: SENSIBLE SINNESPHASE

Die Sinneserziehung beginnt mit der Geburt, denn Kinder lernen über den Körper. Ab zwei Jahren lässt sich ein wachsendes Interesse an allen Sinneserfahrungen beobachten. Kinder sind neugierig auf neue Gerüche und Formen. Sie wollen Gegenstände in ihrer Beschaffenheit spüren und Unterschiede ertasten. Sie riechen gern an duftenden Blumen oder gewürzten Gerichten. Sie suchen aktiv die Musik und zeigen Interesse an Rhythmus und Melodie. In dieser Phase kann man Kindern eine immense Vielfalt an Materialien und Aktivitäten anbieten, um ihre Sinneserfahrung zu fördern.

18 MONATE BIS 7 JAHRE: SENSIBLE PHASE FÜR KLEINE GEGENSTÄNDE

Oft kann man etwa anderthalbjährige Kinder dabei beobachten, wie sie fasziniert versuchen, mit ihren Fingern winzige Gegenstände zu greifen, sie mit Mühe halten und große Freude verspüren, wenn sie dies schaffen oder sie in Schälchen oder Schachteln legen können. Jetzt findet die Entwicklung der Augen-Hand-Koordination statt und Kinder wählen entsprechende Tätigkeiten, mit denen sie diese ausprobieren können. Es gibt verschiedene Materialien, die das Bedürfnis fördern, mit kleinen Gegenständen zu hantieren, z. B. Nudeln, Knöpfe, Erbsen oder sonstiges, was Kinder mit den Fingern fassen können und sich für Umfüllarbeiten eignet.

0 BIS 6 JAHRE: SENSIBLE PHASE DES SOZIALEN LEBENS

Im Alter von etwa zwei Jahren sind Kinder besonders sensibel für das Thema der Zugehörigkeit zu einer sozialen Gruppe, innerhalb derer es Regeln für das Zusammenleben gibt. Daher ist dies der beste Augenblick für die Vermittlung sogenannter guter Manieren: sich bedanken, sich entschuldigen, um Erlaubnis bitten, die Spiele anderer respektieren, bei einem Spiel im Park zu warten, bis man dran ist usw.

Kinder mit der Montessori-Methode aufwachsen lassen

Reflexionen zur Methode

»Der Erzieher muss den wesentlichen Grundsatz beherzigen, das Kind in seiner Entwicklung nicht zu behindern. Wir brauchen nicht so sehr zu wissen, was wir tun müssen. Vielmehr geht es darum zu begreifen, welche dummen, alten Vorurteile wir ablegen müssen, um unser Kind erziehen zu können.«

Wie wir gesehen haben, gründet die Montessori-Pädagogik auf präzisen theoretischen Konzepten, die Maria Montessori in ihren Schulen mit den Kindern direkt erprobt und erforscht hat. Ich hege keinen Zweifel an der Wirksamkeit und am Erfolg der Methode im schulischen Bereich, Montessori-Schulen verbreiten sich weiterhin auf der ganzen Welt.

Doch wie können wir Eltern von den Montessori-Prinzipien profitieren? Ist die Methode auch im häuslichen Bereich anwendbar? Genügt es, dem Kind Montessori-Materialien anzuvertrauen, um diese Art von Erziehung zu fördern? Beinhaltet die Methode erhöhte Kosten, die sich nicht alle leisten können? Welche Elemente sind unverzichtbar für eine Erziehung nach Montessori? Lassen Sie uns diese Fragen gemeinsam angehen und beantworten.

Die Philosophie Montessoris mag manchen Eltern leicht anwendbar erscheinen, anderen wiederum sehr komplex vorkommen. Das hängt im Wesentlichen davon ab, welche Vorstellung wir von unserem Kind haben und welche Bereitschaft, diese zu ergänzen oder zu verändern. Wer Kinder als etwas ansieht, das uns gleichen soll, und fest an die erzieherische Kraft des Gehorsams glaubt, dem wird der Montessori-Ansatz eher fremd sein. Betrachten wir das Kind dagegen als autonomes Wesen, das es zu versorgen und anzuregen, nicht aber zu formen gilt, ist das schon mal ein guter Ausgangspunkt. Eines ist gewiss: Wir brauchen uns nicht für unsere Art und Weise des Elternseins verbiegen. Wir müssen uns jedoch bewusst machen, wie wir den kindlichen Bedürfnissen entsprechend handeln können, wie wir über sie denken und auf sie reagieren. Nur dann können wir die wesentlichen Elemente der Montessori-Erziehung, ihre Materialien und Übungen in unser Elterndasein und unseren Alltag integrieren.

Wenn Eltern das Gefühl haben, dass sie für bestimmte Aspekte ihres Erziehungsstils Strategien benötigen oder sich einfach nur versichern wollen, dass sie ihrem Kind die richtigen Anregungen angedeihen lassen und es in seinem Wachstum auf hilfreiche Weise begleiten, dann ist dies schon Grund genug, sich für die Montessori-Methode zu öffnen.

Hier die wesentlichen Elemente:

Die Methode basiert vor allem auf dem **Respekt** für das Kind, für sein Wesen, sein Tempo und seine Bedürfnisse; gefördert werden soll das **spontane Hervorkommen**

der Fähigkeiten, über die es von Natur aus verfügt. Viel Bedeutung wird der Verwendung der fünf Sinne beigemessen, die in enger Verbindung mit der kognitiven Entwicklung des Kindes gesehen werden. Das Kind muss unbedingt **aktives Subjekt** und Teilhaber der Entscheidungen im Erziehungsvorgang sein, weil es so unabhängig wird. Wichtig ist, dass die Erziehungsanregungen Spaß machen, mitreißend und ästhetisch schön sind, denn Lernvorgänge sind natürlicher und anhaltender, wenn das Kind dabei vergnügt sein kann.
Montessori hält äußere Belohnungen, die das Kind zu einem Verhalten oder einer Tätigkeit motivieren sollen, für überflüssig. Die **implizite Freude** an der Ausführung einer Arbeit, die Befriedigung, sie selbstständig fertiggestellt zu haben, und die eigenständige Fehlerkontrolle sind Elemente, die das Kind seine Arbeit wirksam und selbstdiszipliniert ausführen lässt. Eine zentrale Rolle beim Lernen spielt die Umgebung, die einfach, sauber, ästhetisch schön, geordnet, gut organisiert und geeignet sein muss, die Wachstumsphasen des Kindes zu begleiten.
Und schließlich muss der Erwachsene **vorbereitet** sein. Ihm kommt die wesentliche Rolle zu, **Lenker** und **Vorbild** für das Kind zu sein. Er ist nicht einfach eine Autoritätsperson, sondern das Kind kann sich auf bestimmte Weise verhalten, weil es sich im Verhalten des Erwachsenen wiedererkennt, und nicht, weil es sich vor ihm fürchtet.
Die Montessori-Methode legt also besondere Aufmerksamkeit auf die innere Welt des Kindes, auf seinen Geist und auch auf seine Seele. Doch liegt ihr auch der Erwachsene am Herzen, den sie daran erinnern will, dass **alle Eltern die bestmöglichen Eltern für ihr Kind sind**.

DIE DREI PFEILER DER MONTESSORI-ERZIEHUNG

»Das Leben anregen, ihm jedoch dabei freien Lauf bei seiner Entfaltung lassen, hier liegt die erste Pflicht des Erziehers. Bei einer so delikaten Mission ist eine große Kunst erforderlich, die uns den geeigneten Augenblick

eingibt und die Einmischung begrenzt; die den Geist, der sich dem Leben erschließt und aufgrund seiner eigenen Kraft leben wird, nicht stört oder ablenkt, sondern ihm vielmehr behilflich ist.«

In der Montessori-Pädagogik spricht man im Allgemeinen von drei Grundpfeilern, die das Lebensumfeld des Kindes und die Grundlage des Erziehungsprojektes bilden: Es sind der vorbereitete Erwachsene, die vorbereitete Umgebung und das Material.

Die Basis der Pyramide bildet der vorbereitete Erwachsene. Was heißt das? Montessori-Eltern greifen die vitalen Impulse ihrer Kinder vertrauensvoll auf. Sie haben sich von Ängsten und Vorurteilen bezüglich ihrer Verhaltensweisen befreit und sind **bewusst, respekt-** und **vertrauensvoll** und **ausreichend vorbereitet**. Wir gehen also von einer Selbst-Bewusstheit aus. Bevor wir nun aber unser Zuhause demontieren und losziehen, um Materialien im Montessori-Stil und Möbel in kindgerechter Größe einzukaufen, dem Kind endlos Blätter zum Fingermalen hinlegen oder Mehl ausstreuen, damit es Buchstaben hineinmalen kann, gilt es einige Fragen zu bedenken.

Was denke ich eigentlich über Erziehung? Wie viel Vertrauen habe ich in die Fähigkeiten meines Kindes, und wie sehr fühle ich mich doch unverzichtbar bei jeder seiner Handlungen? Inwieweit mische ich mich in seine Spiele ein? Wie präsentiere ich sie ihm normalerweise?

Die erste Annäherung an die Montessori-Methode haben wir jetzt hinter uns. Jetzt kommen wir zu einigen praktischen Hinweisen.

DER VORBEREITETE ERWACHSENE

»Der Erwachsene behält seine Aufgabe als Lenker und Leiter. Er ist nur der Helfer, der Diener, während sich die kindliche Persönlichkeit kraft ihrer eigenen Aktivitäten entwickelt.«

In Montessoris Sinn Eltern zu sein, kann zunächst komplex scheinen. In Wahrheit aber schlägt sie etwas sehr

Einfaches vor, das vielleicht zu sehr in Vergessenheit geraten ist: Natur und Instinkt zu folgen. Zu den Grundbedürfnissen eines Kindes gehört auch das Gefühl, in **Beziehung** zu sein, an einem sicheren Ort, an dem es sich geschützt, gehört und verstanden fühlt. Wir stellen also fest, dass nicht die Dinge wesentlich sind, und schon gar nicht teure. Auch die Möbel stehen nicht an erster Stelle. Wesentlich hingegen sind ein aufmerksamer Blick, eine beruhigende Umarmung, aktives Zuhören, bedachte Worte oder auch respektvolles Schweigen. Ebenso wichtig sind Vertrauen in die Fähigkeiten des Kindes, Geduld darin, seine spontanen Aktionen abzuwarten und seine Interessen aufzunehmen, die je nach sensibler Phase variieren können.

Einer der für Eltern vielleicht schwierigsten Aspekte ist es zuzulassen, dass das Kind **selbst über sein Lernen bestimmt**, also nur zu beobachten, was sich in seinem Alltag spontan zeigt.

Hier einige Beispiele. Vor einem neuen Gegenstand in unerreichbarer Höhe stellt sich das Kind auf die Zehenspitzen und streckt die Arme aus. Instinktiv wollen wir ihm den Gegenstand geben. Wenn wir uns jedoch bremsen und das Kind beobachten, entdecken wir vielleicht, wie es sich zu organisieren weiß, um sein Ziel zu erreichen: Es holt sich einen Stuhl, springt hoch, verwendet irgendetwas anderes, um heranzukommen oder ruft uns um Hilfe. Wenn wir mit Rücksicht auf seine Sicherheit und Unversehrtheit diese Eroberungsmomente respektieren, ermöglichen wir dem Kind, die unendliche Freude zu spüren, die aus dem Gefühl der Selbstwirksamkeit erwächst. »Ich hab's geschafft!«, kann es nun sagen oder denken und fügt so einen weiteren Baustein zu seiner Selbstachtung hinzu.

Oder wenn wir sehen, dass das Kind ein Objekt nicht zu dem Zweck verwendet, für den es da ist oder dass es eine Steckarbeit nicht hinbekommt, überkommt uns schnell der Impuls, es zu korrigieren und die Aufgabe an seiner Stelle zu tun. Der ängstliche Drang, das Kind auf den richtigen Weg zu führen oder bei einer Schwierigkeit einzugreifen und sie zu lösen, sind die Feinde der Erziehung. Wichtig ist zu merken, dass gerade dies Erziehungschancen sind, die wir nicht übergehen dürfen. Die Montessori-Methode hält uns an zu lernen, vom Kind kein präzises Verhalten zu erwarten, sondern zuzulassen, dass sich seine Initiativen als spontane, wunderbare Überraschungen zeigen, die uns angesichts seines neuen Lernschritts zum Staunen bringen.

Hier ein kleiner Leitfaden mit Erziehungsstrategien nach Montessori, mit denen Sie Ihr Kind bestmöglich begleiten können.

1. FREIHEIT GEWÄHREN

a) *Bewegungsfreiheit.* »Die Bewegung ist [...] von wesentlicher Bedeutung für das Leben, und Erziehung kann nicht als mäßigender, oder noch schlimmer, als hemmender Faktor für die Bewegung aufgefasst werden, sondern einzig und allein als Hilfe zum ver-

nünftigen Einsatz der Energien und zu ihrer normalen Entwicklung.«

Laut Montessori kann es ohne Bewegung kein Lernen geben. Lassen wir also zu, dass das Kind die 1,5-Liter-Wasserflasche alleine hochhebt, konzentriert eine Schnur durch ein Loch fädelt, auf einen Berg von Kissen klettert oder auf die Sprossenwand. Lassen wir es selbstständig Bewegungen ausführen, bei denen es zugleich die Arm- und Beinmuskulatur anstrengen muss.

b) *Wahlfreiheit.* »Kinder, die sich selbst erobern, sind auch Eroberer der Freiheit, denn in ihnen verschwinden alle ungeordneten und unbewussten Reaktionen, die sie unweigerlich unter die ständige, rigide Kontrolle der Erwachsenen bringen.« Beseitigen wir zunächst einmal ein Missverständnis: Wahlfreiheit entspricht nicht einem »Tun, was man will«, sondern eher einem »Das wollen, was man tut«. Gestehen wir dem Kind die Möglichkeit zu, schon ab den ersten Lebensjahren den eigenen Willen zu erproben, damit dieser gestärkt wird und das Kind Sicherheit gewinnen und sich konstruktiv verhalten kann, damit es gewöhnt ist, eigene Entscheidungen zu treffen und als Antrieb für sein Verhalten die eigenen Ideen und Neigungen nutzt.

c) *Handlungsfreiheit.* »Wer bedient wird, statt dass man ihm hilft, nimmt in gewisser Weise an seiner Unabhängigkeit Schaden.« Geben wir dem Kind die Möglichkeit, »es selbst zu tun« oder aus eigener Kraft und mittels eigener Fehler eine seinem Alter und seinen Fähigkeiten entsprechende Autonomie zu gewinnen.

d) *Freiheit zu sein.* »Der Erwachsene löst im Kind dessen Unfähigkeiten, Verwirrungen und Aufstände aus. Der Erwachsene bricht den Charakter des Kindes und unterdrückt seine Lebensimpulse. Und dann müht sich derselbe Erwachsene dabei ab, die Fehler, die psychischen Abweichungen, die Schwächung des Charakters zu korrigieren, die er selbst beim Kind ausgelöst hat.« Betrachten wir das Kind als Individuum mit eigenen zulässigen, wertvollen Gedanken, Wünschen, Vorlieben und Bedürfnissen, dann wird es uns leichter fallen, mit ihm übereinzustimmen, sein Verhalten zu verstehen und uns an seine Stelle zu versetzen. Fragen wir uns ruhig auch angesichts sogenannter Launen stets: Warum verhält es sich jetzt gerade genau so? Wie würde ich mich an seiner Stelle jetzt fühlen? Dies wird uns helfen, mitfühlendere Antworten zu finden und so eventuelle Proteste des Kindes einzugrenzen, weil es sich eher verstanden fühlt. Und was ist die unverzichtbare Zutat für diese Haltung? Geduld.

Je geduldiger wir sind, umso besser können wir unser Kind in seinem Wachstum begleiten, besonders in den ersten Lebensjahren, wenn es die Welt erkundet und danach dürstet, seine Umgebung kennenzulernen. Die kleinen Hände und der Mund sind seine Zugangstore zur Welt, es will also alles anfassen und schmecken, später dann Fragen stellen und Tausende von Warums lösen, um seinen Wissensdrang zu stillen.

Wenn wir diesen Bedürfnissen bestmöglich nachkommen, können wir sie stillen und vermeiden, dass anhaltende Fragen bleiben, weil die kindlichen Wünsche unerfüllt geblieben sind. Zudem hilft es dem Kind, sich selbst wertzuschätzen, und schult es, auf seine Empfindungen zu hören und auf sie zu vertrauen, wenn wir ihm die Botschaft vermitteln, dass seine Wünsche uns wichtig sind, dass uns interessiert, was es fühlt, und dass es sich innerhalb eines – mit bestimmten Grenzen versehenen – Raums frei ausdrücken kann.

Unsere unleugbare Mühe wird durch das Bewusstsein belohnt, dass wir die Selbstachtung und das Selbstwertgefühl unseres kleinen Menschen aufbauen – die wichtigsten Ressourcen, die er für einen sicheren Zugang zum Leben braucht.

2. MOMENTE DER KONZENTRATION RESPEKTIEREN

Kleine Kinder »haben gezeigt, dass es ihnen möglich ist, lange und ohne Ermüdung zu arbeiten und die Aufmerksamkeit derart zu konzentrieren, dass sie sich von der Außenwelt absondern, und dabei offenbaren sie die Bewegungen, welche ihre Persönlichkeit aufbauen.« Laut Montessori ist die Konzentration eine für die Entwicklung des Lernens unverzichtbare Voraussetzung, die zudem eine »therapeutische« Wirkung hat: Ein konzentriertes Kind erfährt einen Augenblick der Ruhe und entspannt sich.

3. FEHLER AKZEPTIEREN UND NICHT KORRIGIEREN, SONDERN MIT EIGENEM BEISPIEL VORANGEHEN

»Da das Kind äußerlichen Einwirkungen gegenüber viel empfänglicher ist als wir glauben, müssen wir in unseren Beziehungen zu ihm sehr behutsam sein.« Das ist sehr schwer, geben wir es ruhig zu. Die einfachste Antwort auf einen Fehler ist immer: »Nein! Nicht so!« Können wir unser Urteil aber beiseitelassen und den Fehler als nützlichen Versuch sehen, der nicht vermieden werden muss, sondern einen neuen Ansatzpunkt liefert, dann wird er zu einer konstruktiven Erfahrung. »Versuchen wir es nochmal gemeinsam«, könnten wir sagen. Und dann die korrekte Vorgehensweise zeigen, ruhig und langsam, damit das Kind alles aufmerksam mitverfolgen kann.

Unser Umgang mit den Fehlern des Kindes wird seinen eigenen Umgang damit ebenso bestimmen wie sein Gefühl von Selbstwirksamkeit. Der Herr Fehler, wie Montessori ihn nannte, ist ein Freund. Versuchen wir, statt ihn zu verteufeln, doch lieber, die Botschaft zu vermitteln, dass er zum Leben dazugehört und dass sich unter dem Gewand des Feindes in Wahrheit ein Verbündeter verbirgt, der uns helfen möchte, zu wachsen und uns zu verbessern.

4. DIE UMGEBUNG ENTSPRECHEND DEN ENTWICKLUNGSBEDÜRFNISSEN VORBEREITEN

DIE VORBEREITETE UMGEBUNG

»Wenn das Kind (...) anfangt, allein mit allem fertig zu werden und seine Schuhe richtig an- und ausziehen, seine Kleider überstreifen und zuknöpfen kann, dann verspürt es eine Art heitere Freudigkeit, die Zeichen seines Gefühls für Menschenwürde ist, die es erlangt hat, indem es sich von anderen unabhängig machte.«

In den Kinderhäusern hatte Maria Montessori beobachtet, dass Kinder in einer passenden Umgebung eifriger arbeiteten und sich viel aktiver einbrachten. Andererseits hatte sie eine übermäßige Distanz zwischen den Kindern und ihrem alltäglichen Umfeld festgestellt, wenn dieses den Bedürfnissen der Erwachsenen entsprach und die Kinder daran hinderte, »ihre Fähigkeiten auf natürliche Weise selbst zu entwickeln«. Um die Autonomie des Kindes im Haus zu fördern, müssen **die Möbel, die Art der Gegenstände und ihre Menge** dem Entwicklungsgrad unseres kleinen Entdeckers **angepasst** sein. Hier die allgemeinen Eigenschaften einer für das Kind vorbereiteten Umgebung.

Zunächst einmal muss das Zuhause des Kindes so eingerichtet sein, dass, wenn es sich selbstständig und frei in den Räumen bewegt, seine **Sicherheit** gewährleistet ist. Das Kind muss sich in seinem Tun eigenständig ausprobieren können, also müssen alle Gefahrenelemente beseitigt sein. Hier ein praktisches Beispiel: Morgens wird dem Kind die tägliche Körperpflege angeboten;

während es nach und nach seine motorischen Fertigkeiten entwickelt, sollte es selbst versuchen dürfen, sich das Gesicht zu waschen, die Zähne zu putzen und sich anzuziehen. Nun wird, zumindest in den ersten Jahren, das Waschbecken aber kaum auf Kinderhöhe angebracht sein. Stellen wir dem Kind einen Schemel hin, über den es an den Wasserhahn gelangen kann, wird es sich mit Sicherheit gern selbst waschen.

Hängen wir ihm nun noch ein kleines Handtuch in Reichweite, kann das Kind sich auch alleine abtrocknen und wird die beiden Handlungen (zuerst wäscht man sich, dann trocknet man sich ab) als Sequenz abspeichern. Natürlich sollten sich auf dem Spülbecken nur die Gegenstände befinden, die das Kind gefahrlos handhaben kann. Rasiermesser, Glasfläschchen, kleine Döschen, Schminke usw. haben dort nichts zu suchen.

Der Lebensraum des Kindes muss **ordentlich, schön anzusehen** und gemütlich sein. Wenn die Gegenstände sich stets am selben Ort befinden, kann das Kind beginnen, seinem Umfeld eine Bedeutung beizumessen. Die Gegenstände bekommen einen Wert, weil sie einen Standort und eine Funktion besitzen, und das Kind kann ein klassifikatorisches Denken entwickeln, das für sein Weltverständnis wichtig sein wird.

Zudem begünstigt eine äußere Ordnung die Schaffung einer inneren Ordnung, eines organisierten Geistes, der nach klaren, disziplinierten Kriterien handelt und zwischen den gespeicherten Informationen Verbindungen und Assoziationen herzustellen vermag. In einer geordneten Umgebung baut das Kind mentale Strukturen auf, die seinen Empfindungen und Wahrnehmungen Orientierung geben; es schafft sich Bezugspunkte und gestaltet damit sein Umfeld vorhersehbar und verständlich. Dabei geht es aber nicht um eine rigide, lähmende Ordnung, im Gegenteil: sie muss so gestaltet sein, dass sie bequem ist, schön anzusehen und Sicherheit vermittelt. Ein geordnetes Umfeld, in dem jeder Gegenstand seinen festen Ort hat, schenkt dem Kind Sicherheit und fördert zugleich sein Ordnungsbedürfnis, sodass es sich selbst spontan am Aufräumen beteiligen wird.

Wenn das Kind sich zu Hause frei und autonom bewegen kann und jederzeit nach Bedarf an seine Sachen herankommt, dann wird es das Gefühl haben, eine aktive Rolle zu spielen, sich als Bestandteil seiner Umgebung fühlen und sich eher um seine Sachen kümmern und sie aufräumen wollen, damit es sie auch wiederfinden kann.

Maßgeblich ist schließlich, dass wir unseren Kindern ein Vorbild sind. Zeigen wir ihnen also, wie man Gegenstände sorgfältig behandelt, wie man sie nach Gebrauch wieder an ihren Platz stellt und wie traurig wir sind, wenn sie kaputtgehen. Das bietet dem Kind eine gute Orientierung.

Der Ordnungsbegriff hängt zudem eng mit dem der **Sauberkeit** zusammen. Wir sollten darauf achten, dass die Sachen immer sauber sind, oder dem Kind nur die sauberen Dinge in Reichweite stellen, damit es gar nicht erst anfasst, was schmutzig ist. Zeigen wir ihm, wie man Dinge nach Gebrauch reinigt, angefangen beim Besteck bis hin zu den Malstiften, damit es den Genuss erfährt, sich mit sauberen Sachen zu umgeben. Montessori empfahl auch die Verwendung heller, abwaschbarer Möbel, damit das Kind Flecken und Schmutz schnell bemerkt und sie beseitigen kann, da es das Reinigen seiner Möbel mit Schönheit assoziieren wird. Zu diesem Zweck geben wir den Kindern kleine, hübsche Lappen, mit denen sie sie abstauben oder feucht wischen und somit Verantwortung für die Sauberkeit ihrer Umgebung übernehmen können. Damit diese geordnet ist, darf sie nicht übervoll sein. Daher sollte dem Kind nur eine begrenzte **Menge** an Gegenständen zur Verfügung gestellt werden. Das Material erhält einen höheren Wert, wenn es als einzigartig präsentiert wird. Das macht es dem Kind leichter, einem bestimmten Gegenstand seine Funktion und seinen Standort im Haus zuzuordnen.

Ein Ball reicht, um das Spielbedürfnis des Kindes zu befriedigen, es müssen nicht gleich vier sein. Zwei verschiedene Gläser genügen, es müssen nicht mehr sein. Wir brauchen dem Kind nicht zehn Arten Bücher hinzustellen, drei oder vier tun es auch – Hauptsache, Stil und Inhalte unterscheiden sich. Die überschüssigen Sachen können wir in einem Schrank aufbewahren und bei Gelegenheit mit denen austauschen, die das Kind gerade verwendet.

EIN KINDGERECHTES ZUHAUSE

»Vor allem scheint es, dass es wegen der Größenunterschiede zwischen dem Kind und den Gegenständen seiner Umgebung keine Beziehung zwischen sich und der Umwelt finden und sich daher nicht natürlich entwickeln kann.«

Um die Umgebung unter Beachtung der Entwicklungsbedürfnisse des Kindes vorbereiten zu können, müssen wir das Umfeld aufmerksam beobachten. Wir brauchen ein gewisses Maß an Einfallsreichtum und die Fähigkeit, uns in die Lage unseres Kindes zu versetzen, um uns aus dieser Sicht zu fragen, was ihm dienen oder schaden könnte.

Betrachten wir also zunächst unsere Räumlichkeiten: Auf dem Boden sitzend nehmen wir den Blickwinkel unseres Kindes ein, um die Stärken und Schwächen der einzelnen Zimmer zu erkennen. Wie können sie dem Kind Sicherheit und Autonomie bieten? Welche Gefahrenmomente sind vorhanden? Und welche Werkzeuge könnten ihm hilfreich sein, um bestimmte Tätigkeiten (wie Zähneputzen, Schuhe anziehen, Spiele aussuchen und wegräumen) selbstständig auszuführen und aktiv am Familienleben teilzuhaben (wie Tisch decken, Geschirr spülen oder Müll wegwerfen)?

In Montessoris Schriften finden sich manche Hinweise zu Möbeln, die als Umgebung des Kindes geeignet sind. Sie sollten z. B. möglichst leicht sein, damit auch das Kind sie umstellen kann. Beim Schieben über den Boden sollten sie jedoch unangenehme Töne produzieren, damit das Kind lernt, sie anzuheben. Zudem können leichte Möbel schnell umfallen, wenn man gegen sie stößt, sodass es lernt, sich achtsam zu bewegen.

An den Wänden können bunte, mit lauter Details angefüllte Quadrate hängen oder Fotos von Familienmitgliedern; wichtig ist, dass sie auf Sichthöhe des Kindes angebracht sind, damit es sie aus der Nähe betrachten und eventuell auch Fragen dazu stellen kann. Dasselbe gilt für alle dem Kind nützlichen Gegenstände (Bücher, Spielzeug, Farben, aber auch Kleider und Essbesteck), sie müssen von ihm selbstständig erreicht werden können.

Nicht zuletzt muss das Kind an alles herankommen können, was es braucht, um sich am Aufräumen und Reinigen des Zuhauses – fegen, Staubwischen, einen Fleck wegwischen usw. – beteiligen zu können. Auch die Reinigungswerkzeuge sollten ästhetisch ansprechend sein, da das Schöne zur Arbeit einlädt. Laut Montessori besteht »eine mathematische Beziehung zwischen der Schönheit der Umgebung und der Tätigkeit des Kindes«. Soll das Kind zum Beispiel mit einem Besen den Boden fegen, wird es das sicher lieber tun, wenn dieser nicht alt und hässlich ist.

Dasselbe gilt für die Möbel, weshalb sie laut Montessori aus abwaschbarem Material und mit Bezügen versehen sein sollten, die man in der Waschmaschine waschen kann.

Der Unterschied zwischen der sogenannten Montessori-Ausstattung und einer normalen besteht darin, dass erstere genau auf die Bedürfnisse des Kindes und nicht des Erwachsenen ausgerichtet – also kleiner und nach größeren Sicherheitskriterien gestaltet – ist. Im Folgenden einige Vorschläge für die verschiedenen Zimmer.

IN DER KÜCHE

Die Küche ist der Raum, in dem man tagsüber oft die meiste Zeit verbringt, da sie für viele, neben dem Kochen und Essen, auch ein Ort zum Arbeiten und Lernen ist. Unsere Anwesenheit in der Küche macht diesen Ort für das Kind daher sehr interessant. Es wird sie genau erkunden und an den dort stattfindenden Tätigkeiten teilhaben wollen. Hier ein paar Tipps für Sie.

Das Kind sollte eigenes Essgeschirr haben, das je nach Alter seinen motorischen und kognitiven Fähigkeiten entspricht: einen kleineren Teller, ein Glas mit Griffen, Besteck in entsprechender Größe, ein stumpfes Messer mit abgerundeter Spitze usw. Vor allem sollten diese Gegenstände dem Kind zugänglich aufgehoben werden, d.h. auf seiner Höhe und weit weg von gefährlichen Gegenständen (wie scharfen Messern, schweren Töpfen usw.). So kann es sich den Tisch decken, ein Glas holen, wenn es Durst hat oder einen Teller, wenn es einen Imbiss möchte. Laut Montessori brauchen Kinder von Anfang an echtes Geschirr, also auch Gläser. Sie zu handhaben und zu sehen, wie sie beim Herunterfallen kaputtgehen, fördert das Bewusstsein des Kindes und motiviert es, seine Bewegungen besser zu kontrollieren, damit sich eine solche Erfahrung nicht wiederholt. Aus Fehlern lernt man immer am besten.

Wir können in kindgerechter Höhe Lebensmittel in den Mengen bereitstellen, wie sie das Kind im Lauf des Tages essen darf. So wird es ermutigt, selbstständig und entsprechend seinem Appetit zuzugreifen, und wir brauchen keine Verbote auszusprechen. Zum Beispiel können wir eine Keksschachtel mit der unserer Meinung nach richtigen Menge für den Tag hinstellen. Die Auswahl kann variieren: mal Kekse, mal Brot oder Obst. Auf diese Weise haben wir die Ernährung des Kindes unter Kontrolle und gestehen ihm zugleich eine gewisse Autonomie zu.

In der Küche kommt die Neugier des Kindes voll zum Zuge. Schubfächer, Türen, Flächen, Ablagen sind faszinierend und laden zum Erkunden ein. Helfen wir dem Kind also, diesem Instinkt nachzugehen, und ordnen alles so an, dass es auf seiner Höhe Sachen findet, die es gefahrlos verwenden kann.

Stellen wir ihm mittelgroße und kleine Töpfe in Reichweite, Holzkochlöffel, Besteck (entweder das normale oder nur einen Löffel, eine Gabel und ein Messer, während der Rest außer Reichweite untergebracht ist; oder extra gekauftes aus Holz oder festem Plastik), Plastikgefäße in allen Größen, verschieden große Korken und sonstiges Material. Auch Obst und Gemüse mit harter Schale, wie Orangen, Kartoffeln und Karotten, können dem Kind hingestellt werden oder Gefäße mit ein paar Nudeln in unterschiedlichen Formen zum Spielen, zum Befüllen der Töpfe und wieder Herausnehmen. Das Kind

wird sich freuen, wenn es die unterschiedlichen taktilen und visuellen Empfindungen erkunden kann, Objekte versetzen oder Schachteln und Töpfe ineinanderstellen oder von selbst feststellen kann, wenn das Ineinanderstellen nicht funktioniert. Mit der Zeit können wir unser Kind zunehmend aktiv am Alltag in der Küche teilhaben und die Mahlzeiten mit zubereiten lassen, indem wir ihm auch größere, schwerere Gegenstände anbieten: ein Holzbrettchen, ein Nudelholz, Plätzchenformen und Zutaten für Kuchen oder Obst und Gemüse zum Schälen und Schneiden.

Es ist eines der Hauptbedürfnisse des Kindes, auf Augenhöhe mit uns zu gelangen. So kann es aufmerksam unsere Bewegungen und die Abfolge unseres Tuns verfolgen, an unserem Beispiel lernen und sich persönlich an manchen Arbeiten beteiligen. Ein breiter, stabiler Schemel oder eine Trittleiter, mit der das Kind auf Tischhöhe, ans Waschbecken oder an die Arbeitsfläche kommt, ist da sehr hilfreich. Ebenso nützlich kann ein sogenannter »Lernturm« sein. Außerdem üben Putzgegenstände, wie Besen, Lappen, Schwämme, eine große Faszination auf Kleinkinder aus. Stellen wir ihnen also eine Kiste mit bunten Lappen (dies können auch zerschnittene alte Laken, abgewetzte Pullis oder zerrissene Decken sein), Schwämmen aus unterschiedlichem Material, Handtüchern und Wäscheklammern bereit. Kinder beteiligen sich gern am Putzen und beseitigen auch selbstständig kleine Missgeschicke, wie umgekipptes Wasser, zu Boden gefallene Essensreste oder die Brotkrumen auf dem Stuhl.

DAS WOHNZIMMER

Oft stehen im Wohnzimmer ausgewählte, kostbare und empfindliche Möbel. Zugleich ist es aber auch der Ort, an dem man sich versammelt, um sich zu unterhalten und gemeinsam die Freizeit zu verbringen, die Kleinsten im Hause inbegriffen. Diese beiden Aspekte der Wohnstube mit den Bedürfnissen der Kleinsten in Übereinstimmung zu bringen ist nicht einfach und benötigt ein wenig Umsicht. Tafelgeschirr, schöne Gläser, Keramik, Glastischchen, Vasen und sonstige Kostbarkeiten, die wir gern ausstellen, üben große Anziehungskraft auf Kinder aus und sind zugleich eine große Gefahr.

Folgen wir dem Montessori-Prinzip, die Freiheit des Kindes zu berücksichtigen, sollte das Mobiliar so angeordnet sein, dass die kostbaren Objekte unerreichbar sind, während dem Kind andere interessante und geeignete Gegenstände in Reichweite gestellt werden. So kann es sich auch im Wohnzimmer frei bewegen und an unseren Freizeitmomenten teilhaben. Nützlich ist auch ein ganz dem Kind gewidmeter Teil des Zimmers, zum Beispiel ein eigener bunter Teppich und dazu ein kleines Regal mit Spielen, Büchern, Farben und Bauklötzen. Ergänzend vielleicht ein Sessel oder ein kleines Sofa, das dem Kind einen wunderbaren Spielplatz bietet, wo es klettern, sich hin und her rollen und herumspringen kann.

Oder wir machen im untersten Fach des Bücherregals Platz für bestimmte Kinderbücher: zum Beispiel Märchen und Erzählungen zum Vorlesen oder Fotobücher zum gemeinsamen Blättern. So kann uns das Kind nach Bedarf nachahmen, wenn wir uns zum Lesen in einen Sessel setzen, oder es wird gemeinsam vor dem Schlafengehen ein Buch gelesen.

Auch Musik ist eine gut geeignete Aktivität fürs Wohnzimmer. Hier stehen im Allgemeinen elektronische Geräte wie Stereoanlage, Fernseher oder CD-Player. Wir können dem Kind erlauben, Musik auszusuchen und uns von seinem Tanzen und Singen mitreißen lassen.

Melodien können gemeinsam nachgesungen oder mit einfachen Instrumenten Rhythmen nachgemacht werden: mit Rasseln, Tamburinen, Pfeifen, Glocken, Kastagnetten oder sonstigen Sachen, die Krach machen, wie etwa einer Blechdose mit einem Metalllöffel. Unter Berücksichtigung des Montessori-Prinzips von Ordnung und Ruhe sollten sich verschiedene Musikstücke nicht überlappen und im Hintergrund kein Fernsehen oder Radio laufen, während das Kind mit anderem beschäftigt ist. In solchen Fällen stört die Musik die Konzentration des Kindes. Wir sollten immer nur eine Tätigkeit anbieten und die Musik zur rhythmischen Bewegung und zum Singen nutzen, für Konzentrationsspiele dagegen Stille würdigen.

Und das Fernsehen? Da es unverzichtbarer Bestandteil unseres Alltags ist, können wir es nicht unerwähnt lassen. Wir alle kennen die Risiken und potenziellen Schäden, und doch können wir auf diese emotionale Überreizung – die schnelle, einfache und wirksame Abhilfe gegen Langeweile – kaum verzichten und machen uns nur selten die Mühe, uns sinnvolle Tätigkeiten für die Freizeit auszudenken. Andererseits wäre auch ein Verbot unsinnig, denn Fernsehen gehört nun mal zu unserer Welt.

Was uns der Montessori-Ansatz nahelegen würde, ist auch dieses Instrument sinnvoll für das Wachstum des Kindes einzusetzen. Wir können Regeln aufstellen, das Fernsehen nicht als Hintergrundrauschen verwenden und es nur für spezielle Programme einschalten, die altersgerecht für das Kind sind; und vor allem sollte gemeinsam geschaut werden, damit das Fernsehen nicht zu Isolierung führt.

Auf diese Weise kann es ein nützliches Werkzeug zur Vertiefung von Wissen, zum Halten der Aufmerksamkeit und Austausch von Meinungen und Gefühlen sein. Dieselben Prinzipien lassen sich auch auf elektronische Geräte wie Computer, Tablet und Handy anwenden, die für die jungen Generationen selbstverständlich sind.

DAS KINDERZIMMER

Das Kinderzimmer ist das Königreich des Kindes. Es ist so etwas wie sein Laboratorium, wo sich das Kind frei fühlen, seinem Bedürfnis nach Bewegung, nach Sinneserfahrungen nachgehen, Gegenstände bauen und wieder zerstören und Tag für Tag seine Fertigkeiten erproben kann. Und es ist der Ort, an dem es Zuflucht findet, wo es sich ausruhen und schlafen kann. Daher werden hier verschiedene strategische Einrichtungsgegenstände benötigt.

Natürlich dürfen niedrige Regale für die Spiele nicht fehlen, die sich das Kind selbst herausnehmen und nach Gebrauch zurücklegen kann. Ein Spiel pro Typ (also ein Steckspiel, ein Puzzle, ein Baukasten, eine Schachtel mit Figuren usw.) genügt. Alle anderen Spiele sollten anderswo aufbewahrt werden, damit sie regelmäßig ausgewechselt werden können und das Kind neue Anreize bekommt, ohne dass man ständig Neues kaufen muss. Zudem kann man verabreden, dass für jedes neue Spielzeug ein altes aussortiert werden muss, damit sich nichts anhäuft, an dem das Kind das Interesse verloren hat. Die Materialien sollten nach Themenbereichen angeordnet sein, indem z. B. Lernspiele, Figuren für Symbolspiele, kreative Materialien, Malutensilien usw. nach Regalen, Körben oder Schachteln sortiert sind. Vor allem sollten sie immer in gutem Zustand sein: Kaputte Sachen, die nicht mehr zum Spielen geeignet sind, gehören in den Abfall.

Ein Teil der Regale sollte Büchern – Arbeits-, Fühl-, Malbüchern oder Gutenachtgeschichten – Platz lassen. Oder diese können in eine kleine, kindgerechte Bücherwand gestellt werden. Hierher könnte auch ein Fotoalbum passen mit Fotos von wichtigen Augenblicken und Familienmitgliedern.

Nützlich sind ebenfalls einfache Zeitschriften oder Kataloge mit vielen Bildern von Gegenständen, mit denen das Kind seinen Wortschatz erweitern kann.

Das Kind wird diese gern durchblättern, nach dem Namen eines neuen Gegenstandes fragen und die Namen derer wiederholen, die es bereits kennt.

Der Hauptteil der spielerischen Aktivitäten wird auf dem Boden stattfinden. Daher kann ein Teppich zum Spielen nie schaden, auch als Begrenzung des Raums, auf dem das Spielzeug ausgebreitet werden darf.

Für manche Spiele sind ein kleiner Tisch und Stuhl notwendig: Der Stuhl sollte etwa Beinlänge haben, der Tisch im Sitzen bis zur Brust des Kindes reichen.

Falls Kinder gern malen, kann an einer Wand eine Papierrolle angebracht werden, auf der sie malen und zeichnen dürfen, ohne die Wand zu beschädigen.

Das Kinderzimmer ist auch der Ort, an dem sich die Kleider befinden. Das Kind sollte seine Kleider gut sichtbar auf Augenhöhe haben, um selbst aussuchen zu können, was es anziehen will und es auch wieder zurücklegen zu können. Daher sollte der Schrank niedrig sein, mit Türen, die nur so hoch und schwer sind, dass das Kind sie alleine öffnen kann. Die Kleiderstange sollte etwa auf Schulterhöhe des Kindes angebracht sein. Es hilft, die Kleider nach Jahreszeiten zu unterscheiden, etwa mit Hilfe von Schildern oder Kärtchen, damit das Kind seine Kleidung mit dem Wetter in Verbindung bringen kann. In einer Truhe oder Kommode kann kleinere Kleidung geordnet untergebracht werden. Jede Schublade wird einer bestimmten Art Kleidungsstück gewidmet: Strümpfen und Unterhosen, Hosen, Sweatshirts usw. Außen am Schubfach können (gern zusammen mit dem Kind) Schilder angebracht werden, damit das Kind sich die Funktion der einzelnen Fächer gut merken kann.

Und schließlich darf natürlich das Bett nicht fehlen. Laut Montessori muss das Kind hier selbstständig Zugang haben, damit es sein Bedürfnis nach Ruhe frei stillen kann. Daher muss das Bett möglichst niedrig sein, auch eine Matratze auf dem Boden wäre gut geeignet. Vor allem darf das Kind nicht in ein Gitterbett eingesperrt werden, eben weil es die Freiheit braucht, sein Bettchen nach Bedarf aufzusuchen und wieder verlassen zu können.

Ohne die Gitter ist ein sehr niedriges Bettchen am sichersten. Im Handel findet man unterschiedliche Modelle aus Holz, manchmal nur als Bettrahmen, andere mit einem Häuschen als Aufbau.

DAS BAD

Das Bad ist das Reich des Wassers und übt daher eine große Faszination auf unsere Kleinen aus. Wasserhähne auf- und wieder zuzudrehen macht Kindern viel Spaß, vor allem, wenn sie es schaffen, einen Wasserstrahl zu produzieren, mit dem sie jeden Winkel des Bodens erreichen. Leere Shampoo- und Duschgelbehälter werden mit Wasser gefüllt und wieder geleert, und Deckel verwandeln sich in leichte Boote, die im Waschbecken schwimmen. Schwämme dürfen schon gar nicht fehlen. Wenn das Kind übt, sie auszudrücken, kann es damit einen Wasserregen hervorrufen. Wir können mit dem Kind zusammen einige Haushaltssachen für Wasserspiele aussuchen, die wir dann in einer Schachtel oder einem Korb im Badezimmerschrank aufbewahren.

Das Bad ist zudem der Ort der täglichen Körperpflege. Das Kind wird begeistert sein, wenn wir ihm von früh an die Möglichkeit geben, sich selbst darin auszuprobieren. Dazu zweckdienlich sind kleine Seifenstücke, die in seine Händchen passen, und zwei verschiedenfarbige Handtücher, in kindgerechter Höhe aufgehängt – eines für Hände und Gesicht und das andere für den Po. Generell sollten seine Sachen (Zahnbürste, Creme und Windeln) an einem speziellen Ort aufbewahrt werden, damit das Kind sich selbst bedienen und den Eltern bei seiner Körperpflege helfen kann. Idealerweise kommt das Kind auch selbstständig ans Waschbecken heran: Auch hier könnte, genau wie in der Küche, der »Lernturm« genutzt werden. Noch bequemer für das Kleinkind wäre nach Möglichkeit ein niedriger Tisch mit Waschbecken oder einer Schüssel, in die Wasser gefüllt wird, zum Hände und Gesicht Waschen, einem Spiegel auf seiner Höhe und ein paar schön zusammengelegten Handtüchern. Dieser kleine Arbeitsplatz schenkt dem Kind die Möglichkeit, sich täglich selbst zu waschen und so seine Fähigkeiten zu vervollkommnen.

Die persönliche Körperpflege lernt sich dank Nachahmung der Erwachsenen schnell. Daher wird das Kind auch Dinge haben wollen, die an die Gewohnheiten der Eltern erinnern: Parfüm, Schminke, Rasierpinsel oder Rasierapparat, Haarspangen usw. Auch in diesem Fall können wir geeignete Sachen zusammensuchen, wie Parfümproben oder leere Schminkkästchen, einen alten Rasierpinsel und Rasierapparat ohne Klinge, die wir in einer Schachtel in sein Fach stellen.

Für die Kleinsten kann ab etwa 2 Jahren (Eltern wissen den richtigen Zeitpunkt für ihr Kind am besten) ein Töpfchen im Bad stehen, um das Kind daran zu gewöhnen, trocken zu werden. So kann es selbst sehen, was sein Körper produziert und ein Bewusstsein dafür entwickeln – ein unverzichtbarer Übergang auf dem Weg zur Muskelkontrolle von Blase und Enddarm. Auf einem niedrigen Topfchen, auf das es sich selber setzen und von wo es auch wieder aufstehen kann, fühlt sich das Kind tendenziell sicherer als auf einem Toilettenaufsatz, wo die Beine nicht bis zum Boden reichen und unter ihm ein großes Loch ist, und von dem es ohne Hilfe des Erwachsenen auch nicht aufstehen kann.

DAS VORBEREITETE MATERIAL

»Durch den Kontakt mit der Umgebung und ihre Erforschung baut der Verstand diesen Schatz wirkender Gedanken auf, ohne die seinem abstrakten Funktionieren Grundlagen und Präzision, Genauigkeit und Inspiration entzogen wären. Dieser Kontakt wird durch die Sinne und die Bewegung hergestellt.«

Zur Vervollständigung der Montessori-Erziehung muss dem Kind entsprechendes Material zur Verfügung gestellt werden, damit es auf der Grundlage der direkten Erfahrung lernen und seine Fähigkeiten entwickeln kann.

Maria Montessori beobachtete, dass Kinder in ihrer Entdeckung der Welt von einem angeborenen Instinkt geleitet sind, einem Handlungsimpuls mit einem Ziel, das sie als »Baumeister seiner selbst« bezeichnete und das sich durch die praktischen Erfahrungen manifestiert. Die Aufgabe des Erwachsenen besteht darin, günstige Voraussetzungen zu schaffen und dem Kind die Mittel anzubieten, die es für seine selbstständige Erziehungsarbeit benötigt.

Montessori stellte fest, dass Kinder ständig das Bedürfnis haben, Gegenstände anzufassen, mit ihnen zu hantieren und die Wirklichkeit mit Hilfe der Hände und Sinne zu erkunden. Daher schuf sie eine Reihe von Materialien, die sie **Entwicklungsmaterialien** nannte, da diese dem Kind eine praktische Spielerfahrung verschaffen und dank der Einbeziehung seiner Sinne seine kognitive und emotionale Entwicklung fördern. »Das Sinnesmaterial besteht aus einem System von Gegenständen, die nach bestimmten physikalischen Eigenschaften der Körper wie Farbe, Form, Maße, Klang, Zustand von Rauheit, Gewicht, Temperatur usw. geordnet sind.«

Das Material ist das Ergebnis von Experimenten und wurde entsprechend den Reaktionen der Kinder auf Impulse mit Lernzielen entwickelt. Es konkretisiert die Konzepte und erleichtert dem Kind das Verständnis. Es erlaubt, durch praktisches Handeln zu lernen, und begleitet das Kind schrittweise in seinen Abstraktionsprozessen. Es setzt bei den frühesten Sinneserfahrungen an und steht dem Kind in seinen fortschreitenden Eroberungen in der Sprache, im Rechnen, in der Geometrie bis hin zu geschichtlichem Wissen, Geographie, Literatur usw. zur Seite.

Alle Materialien besitzen spezielle Eigenschaften. Jedes ist so beschaffen, dass es **eine Eigenschaft**

(z. B. Farbe, Form, Größe, Klang, Rauheit, Gewicht) als Lerngegenstand für das Kind isoliert. Dazu werden Objekte geschaffen, die sich in nur einer Eigenschaft unterscheiden. Zum Beispiel Objekte in ein und derselben Form, aber in unterschiedlichen Farben: So richtet sich die Aufmerksamkeit des Kindes leichter auf die Farben, da sein Gehirn von keinen weiteren Informationen abgelenkt wird. Zudem ist das Material **abgestuft**, was bedeutet, dass jede einzelne Objektgruppe graduell unterschiedlich – von einem »Minimum« bis zu einem »Maximum« – dieselbe Eigenschaft aufweist, so dass zwei Objekte, nebeneinander gehalten, diese klar zeigen. Ein weiteres für das Montessori-Material charakteristisches Element ist die **Fehlerkontrolle**. Ein gutes Beispiel sind hier die Steckspiele: Die Formen passen nur in das jeweilige stabile Steckloch mit der entsprechenden geometrischen Form. Auf diese Weise wird der Fehler deutlich: Wenn das Kind versucht, eine Form in ein nicht passendes Steckloch zu stecken, wird es ihm nicht gelingen und es muss eine andere Öffnung ausprobieren. Dank dieses unmittelbaren Feedbacks auf sein Handeln wird das Kind selbst verstehen, ob es die richtige Form erkannt hat oder andere Strategien entwickeln. Durch die Handhabung der stabilen Formen mit seinen Händen kann es die Ecken, Linien und Kurven entdecken, mittels des Tastsinns die Unterschiede zwischen den einzelnen Elementen feststellen und das passende Steckloch finden.

Wie die Umgebung soll auch das Material **anziehend**, sauber und ästhetisch ansprechend sein. Holzspielzeug hat eine interessante Beschaffenheit, ist schwer, im Allgemeinen ästhetisch schön und findet daher bei Montessori viel Verwendung.

Das Material muss dem Kind die Möglichkeit bieten, aktiv zu sein und **Dinge zu tun**.

Das Kind muss mit dem Material aktiv etwas anfangen

können. Wenn es damit etwas bauen, es verändern, umsetzen oder sortieren kann, weckt dies sein Interesse und seine Konzentration und führt zu einem Lernvorgang. Hand und Gehirn sind eng miteinander verbunden: Jede Tätigkeit soll mit den Händen erfolgen, denn die Hand wird vom Gehirn geführt, und die Entwicklung des Gehirns benötigt die Hand. Man kann sagen, dass kleine Kinder »mit den Händen denken«.

Wie schon erwähnt, sollte Spielzeug mengenmäßig **begrenzt** werden. Wichtig ist, dass dem Kind die richtigen Sachen zur rechten Zeit zur Verfügung gestellt werden. Zum Lernen einer Eigenschaft genügt daher ein Material (eines für die Formen, eines für die Farben, die Zahlen usw.), das regelmäßig ausgewechselt wird.

Montessori empfahl, dem Kind das Entwicklungsmaterial in **drei Phasen** vorzulegen.

1. INFORMATIONEN ZUM MATERIAL GEBEN

Geht es um Formen, zeigt der Erwachsene dem Kind zum Beispiel den Kreis mit den Worten »Das ist ein Kreis.«. Er gibt ihn dem Kind, damit es ihn erkunden kann und wiederholt die Bezeichnung. Dann tut er dasselbe mit anderen Formen, wie zum Beispiel Quadrat und Rechteck.

2. DAS MATERIAL ANHAND DES WORTES ERKENNEN

Man legt dem Kind die Formen vor und bittet es, die in die Hand zu nehmen, die man beim Namen nennt – z. B. den Kreis. Nimmt es eine andere auf, korrigiert man es nicht, sondern nennt ihm einfach den Namen der Form, die es genommen hat, nimmt diese selbst, betrachtet sie genau und gibt sie dann dem Kind zurück. Dann nimmt man die richtige Form auf, hier also den Kreis, erkundet sie und benennt sie noch einmal, bevor man Phase 1 wiederholt.

Dies ist eine wichtige Phase, die sich in Variationen wiederholen lässt: Man bittet das Kind z. B., die Form an unterschiedlichen Orten abzulegen, sie mit einem bestimmten Körperteil aufzunehmen oder sie in den Gegenständen im Raum wiederzuerkennen. Solange nicht sicher ist, ob das Kind sich die Information über die Form angeeignet hat, bleibt man bei Phase 1 und 2.

3. DAS MATERIAL BENENNEN LASSEN

Diesmal lädt man das Kind ein, die Form zu benennen, die man in die Hand nimmt, und fragt: »Was ist das?« Bei einer falschen Antwort kehrt man zu Phase 2 zurück.

Neben dem Entwicklungsmaterial sind in den Montessori-Schulen auch Übungen zum **praktischen Leben** vorgesehen. Diese Arbeiten ziehen Kinder stark an, weil sie ihnen das Gefühl geben, den Erwachsenen ebenbürtig zu sein; sie können wichtige Dinge mit unmittelbarer Wirkung tun, was zu wachsender Autonomie führt.

Die Aufgaben des praktischen Lebens entsprechen dem auf ein **reales Ziel** gelenkten Bewegungsbedürfnis: Hände waschen, sich anziehen, sich ausziehen, Schuhe zubinden, den Tisch decken und abräumen, fegen, Staub wischen, Wäsche waschen, Pflanzen gießen, einen Snack zubereiten. Mit diesen Übungen verbessern Kinder ihre Koordination, die Grob- und Feinmotorik, lernen das Planen einer Abfolge von Tatigkeiten und anhaltende Konzentration.

Reale Gegenstände sind ohnehin immer das anziehendste Spielzeug für Kinder. Merken wir, dass sich das Kind für einen unserer Gegenstände interessiert, kaufen wir ihm meist einen nachgemachten aus Plastik oder Holz und sind enttäuscht, wenn es sich dafür nicht so interessiert wie für den echten. Eine Puppenbürste ist nicht so faszinierend wie eine echte. Eine Kaffeetasse aus Plastik ist nicht so interessant wie die aus Keramik, aus der Mama am Morgen trinkt. Ein Plastikapfel hat nichts mit dem schönen roten, duftenden, schweren Apfel auf dem Küchentisch zu tun. Andererseits ist ein Plastik- oder Holzpferd zum Anfassen und Bewegen interessanter als ein bloß gemaltes. Daher sind Kinder in den ersten Lebensjahren vor allem von Fotos realer Objekte fasziniert und nicht von Zeichnungen, die eine gewisse Abstraktionsfähigkeit erfordern. All die Spiele, bei denen Kinder nur Knöpfe drücken, damit etwas passiert oder ein visueller Effekt erscheint, sind uninteressant, da passiv. Interessanter als der künstliche, in einem Spielzeug gespeicherte Ton ist für das Kind der Klang, den es selbst erzeugen kann, wenn es mit einem kleinen Metalllöffel gegen eine Keramiktasse, mit einem Holzkochlöffel auf eine Blechdose schlägt oder ein Säckchen mit Nüssen schüttelt.

Das Sinnesmaterial und die praktischen Arbeiten müssen auf Grundlage der nach Alter und Wachstumsphasen variierenden Interessen des Kindes angeboten werden. Laut Montessori »wird nur ein Material ausgewählt, das sich erfahrungsgemäß für die Erziehung eignet, das kleine Kind auch tatsächlich ›interessiert‹ und es bei einer spontanen und wiederholt ausgesuchten Übung beschäftigt«.

Daher können – unter Berücksichtigung der Tatsache, dass das Material den Bedürfnissen des Kindes dienen muss und nicht umgekehrt – wir Eltern aufgrund unserer Erfahrung mit dem eigenen Kind bestimmen, was es interessieren könnte. Das heißt: Wenn Sie bei Ihrem Kind ein Desinteresse gegenüber Farben feststellen, brauchen Sie ihm eine Beschäftigung damit nicht wieder und wieder vorzuschlagen, nur weil es altersgemäß an Farben interessiert sein müsste. Achten Sie lieber auf seine Zeichen und bieten Sie ihm Entsprechendes an, um nicht wegen irgendwelcher Lernzwecke genau dieses Lernfenster zu verpassen.

Hier eine Frage, die sich zu den Eigenschaften des Montessori-Materials stellen könnte: Ist es denn überhaupt zum Spielen geeignet? Unserer Vorstellung nach sollen Spiele meist ablenken oder unterhalten. Unterhaltung bedeutet in unserer Gesellschaft das Gegenteil von Arbeit: Arbeit ist nützlich und anspruchsvoll, Spielen soll Spaß machen, nicht aber konstruktiv sein. So kommt man schnell dazu, die Freizeitbeschäftigungen eines Kindes geringzuschätzen. Maria Montessori dagegen hat das Spiel des Kindes als ernstzunehmende Angelegenheit betrachtet: Das Kind spielt und arbeitet zugleich; während es Spaß hat, baut es seine Persönlichkeit auf, es entspannt sich, tut zugleich jedoch etwas höchst Wichtiges, denn es erschafft seine Identität. Die Antwort auf obige Frage ist daher ein Ja: Das Lernmaterial ist Spielmaterial, im Spiel ist das Lernen enthalten.

Montessori von Eltern umgesetzt: Material und Tätigkeiten für zu Hause

Eine Auswahl von Montessori-Material zu Hause leistet dem Kind mit Sicherheit gute Dienste auf seinem Wachstumsweg. Trotzdem steht an erster Stelle die Frage: Gehören Sie zu den Eltern, die ihre Kinder an einer Montessori-Schule anmelden werden? Oder interessieren Sie sich einfach nur für diesen Zugang und wollen ihn zu Hause umsetzen?

Im ersten Fall sollten Sie sicherstellen, dass das Material, das dem Kind zu Hause angeboten wird, nicht dasselbe ist wie in der Schule, damit durch unterschiedliche Herangehensweisen von Lehrern und Eltern keine Verwirrung entsteht. Wollen Sie zu Hause die Montessori-Schule ergänzen, gibt es verschiedene im Handel erhältliche Materialien. Allerdings sollten Sie sie didaktisch bewusst und korrekt anwenden können und müssen sich also eigens vorbereiten.

Wollen Sie dagegen einfach Ihren Erziehungsstil nach Montessori ausrichten und Ihrem Kind der Methode entsprechende Tätigkeiten anbieten, dann steht Ihnen eine Fülle an Spielen und Aktivitäten zur Verfügung.

SPIELE UND SPIELZEUG MONTESSORI-GERECHT

Nehmen wir das im Handel erhältliche Spielzeug. Zunächst einmal können wir uns beim Einkauf an den Montessori-Prinzipien orientieren. Das heißt, wir achten beim Kauf auf bestimmte Kriterien, z. B. darauf, dass sich in einem Spiel nicht zu viele Kategorien ansammeln, also Farben, Formen und Größen nicht allzu sehr vermischt sind. Je klarer sich die einzelnen Konzepte trennen lassen, desto leichter wird es für das Kind, selbstständig damit zu spielen. Ebenso hilfreich ist Spielzeug, das dem Kind ermöglicht, **aktiv etwas zu tun**, das es einlädt zu handeln und nicht passiv davor zu sitzen.

Willkommen sind Bausteine, Knete, Formen zum Ausschneiden, Puzzles, Musikinstrumente, die man bewegen und zum Klingen bringen kann. Montessori bevorzugt Spielzeug, das einen **klaren Verwendungszweck** hat, wie z. B. Obst schneiden, kleine Objekte greifen, ein Puzzle zusammensetzen, zusammenpassende Formen oder Farben sammeln. Wir geben auch ganz einfachen Musikinstrumenten Raum, um das Kind für Rhythmik zu sensibilisieren.

Tätigkeiten zum **Hantieren** sind sehr wichtig, deshalb sollten dem Kind unbedingt altersgemäße, konkrete Gegenstände zum Bearbeiten, wie z. B. Fingerfarben, Kreide und Knete angeboten werden.

Für Kleinkinder ist **konkretes**, dreidimensionales **Material** zum Anfassen und Erkunden zu bevorzugen. Ab drei Jahren wird es dann zunehmend möglich, auch konkretes zweidimensionales Material, wie **Fotos** und **Zeichnungen**, hinzuzunehmen.

Allgemein sollten für die Tätigkeiten Materialien der **realen Welt** verwendet werden. Das Kleinkind kann sich laut Montessori noch nichts vorstellen oder etwa abstrahieren, daher lohnt es nicht, ihm Material mit Fantasiefiguren und Märchenwelten anzubieten, das es von der Realität entfernen und in eine andere Welt führen will. Es würde das Kind nur durcheinanderbringen. Zumindest in den ersten Lebensjahren nützt Material aus seinem Lebensumfeld seiner Entwicklung viel eher.

Zu diesem Zweck suchen wir Sachen aller Art und Beschaffenheit im Haus zusammen. Hier ist verschiedenstes Entwicklungsmaterial zu finden: Küchengeräte, Schwämme, Lappen, Farbstifte, Scheren und Kleber, Lebensmittel wie Reis, Bohnen, Trockenfrüchte, verschieden geformte Nudeln, Mehl, Gewürze, Dosen und Schachteln in unterschiedlichen Formen und Größen, Stoffe, Knöpfe und Schnüre.

Doch wie nutzen wir das Material gemäß dem Montessori-Ansatz?

1. Mit dem Kind spielen.

Da gibt es unterschiedliche Möglichkeiten. Zunächst einmal sollte man echten Spaß miteinander haben. Setzen wir uns also auf Augenhöhe zum Kind, mit dem Wunsch, bei ihm zu sein und gemeinsam etwas zu tun – mit Zeit, Ruhe, Geduld und einem freien Kopf. Echtes Interesse und die Freude am gemeinsamen Spiel befriedigt das Kind sehr, denn so fühlt es sich wichtig und emotional aufgehoben. Bedient sich der Erwachsene einer streng erzieherischen und schulischen Herangehensweise, wird die Tätigkeit schnell starr, zu leistungsbetont und damit mühsam für das Kind. Es gilt daran zu denken, dass das Kind Spaß und Freude an der Aktivität haben sollte. Dabei lernt es zugleich, da die Montessori-Materialien immer auf das Üben einer Fertigkeit ausgerichtet sind.

2. Während des Spiels ermöglicht das Material das Üben und Entwickeln von Fertigkeiten.

Die Entwicklungsmaterialien und praktischen Tätigkeiten dienen stets einem Zweck.

3. Das Material muss auf der Grundlage der Interessen des Kindes strategisch zum passenden Zeitpunkt angeboten werden.

4. Das Kind sollte die spielerische Tätigkeit möglichst selbstständig ausführen können, ohne Anleitung und Korrektur von Seiten des Erwachsenen.

Die Materialien drehen sich jeweils um eine bestimmte Eigenschaft, auf die das Kind seine Aufmerksamkeit lenken wird. Zudem sind sie so beschaffen, dass sie eine Fehlerkontrolle enthalten, damit sich das Kind in seinem Tun alleine organisieren kann. Hier einige Beispiele.

Wenn wir bemerken, dass das Kind wiederholt verschieden geformte Objekte anfasst und mit den Händen erkundet, bieten wir ihm auf Form ausgerichtetes Material an. Wir nehmen einfache Holzsteckspiele, wie man sie im Handel findet, oder Pappschachteln mit Löchern in unterschiedlichen Formen, die wir selbst zu Hause gebastelt haben. Wir präsentieren dem Kind die kleinen Formen und folgen dabei der Drei-Phasen-Methode nach Montessori. Dann schlagen wir dem Kind vor, sie in die entsprechenden Löcher zu stecken. Das Kind kann sofort feststellen, ob sein Tun korrekt ist, weil die Form entweder passt oder nicht.

In einer anderen Situation bemerken wir, dass das Kind spontan Gegenstände nach Farben zusammenstellt, z. B. einen Deckel zum Behälter mit derselben Farbe. Wir schlagen ihm nun eine Farbentätigkeit vor, suchen uns gleich aussehende Knöpfe in höchstens vier Farben zusammen, etwa rot, gelb, grün und blau. Dann nehmen wir vier durchsichtige Deckel und legen jeweils rote, gelbe, grüne und blaue Pappe hinein. Das Kind soll jetzt, nachdem wir ihm das Spiel vorgemacht haben, alle Knöpfe nach Farben sortiert in die Deckel legen. Die Farbpappe im Deckel zeigt dem Kind direkt an, ob es die Knöpfe in den richtigen Deckel gelegt oder sich bei einem Knopf in der Farbe geirrt hat. Zudem ist dadurch, dass die Knöpfe sich wirklich nur in der Farbe unterscheiden und dass von jeder Farbe dieselbe Menge an Knöpfen da ist, diese Kategorie isoliert, und das Kind arbeitet einzig und allein an der Eigenschaft Farbe.

Auf diese Weise haben wir auf verschiedenen Ebenen gewirkt: Wir sind dem Interesse des Kindes gefolgt, haben ihm die Möglichkeit gegeben, selbstständig zu experimentieren, seine Handfertigkeit und Problemlösung zu üben und Freude am Spiel zu haben. Und wenn das Kind keinen Gebrauch von der Fehlerkontrolle macht? Vielleicht macht es einen Fehler, ohne es zu merken, und nutzt die eingebaute Fehlerkontrollstrategie nicht. Diese Information ist wichtig, denn damit sagt es uns, dass es für diese spezifische Arbeit noch nicht bereit ist. In dem Wissen, dass das Kind einen inneren Baumeister hat, der es in seinem Wachstum lenkt und sein Potenzial auf natürliche Weise entwickelt, zeigt uns dieses Verhalten, dass wir dem Kind eine Tätigkeit angeboten haben, die seinem Entwicklungsstadium und seinem Interesse nicht entspricht. Dieses Material legen wir daher beiseite und präsentieren es zu einem späteren Zeitpunkt erneut. Sobald das Kind bereit und empfänglich ist für diese Aktivität, wird es die Fehlerkontrolle von selbst nutzen. Aber wie wissen wir, welches Spiel gerade passend ist für unser Kind?

Hier noch einmal das wichtige Grundprinzip: Unverzichtbar für den Montessori-Erziehungsansatz ist die Beobachtung. Montessori-Eltern sind geduldige Eltern, die beobachten, nicht unterbrechen, die Bewegungen des Kindes abwarten, Fehlern eine Bedeutung beimessen und sich auf die kognitiven und emotionalen Entwicklungsimpulse des Kindes einstellen. Durch Beobachtung des Kindes können Veränderungen in seinem Verhalten festgestellt werden. Bemerkt das Kind etwa auf der Straße plötzlich irgendwelche Gegenstände und Dinge und zeigt darauf, dann drückt es damit das Bedürfnis aus, die Welt einzuordnen und in Kategorien einzuteilen. Eine plötzliche Faszination für Tiere oder Pflanzen und ein Interesse am Klang ihrer Namen könnte auf ein neues Interesse für Sprache hinweisen. Eine wiederholte Suche nach kleinen Gegenständen, die es in den Händen oder zwischen den Fingern halten kann oder der Versuch, Deckel abzuschrauben und

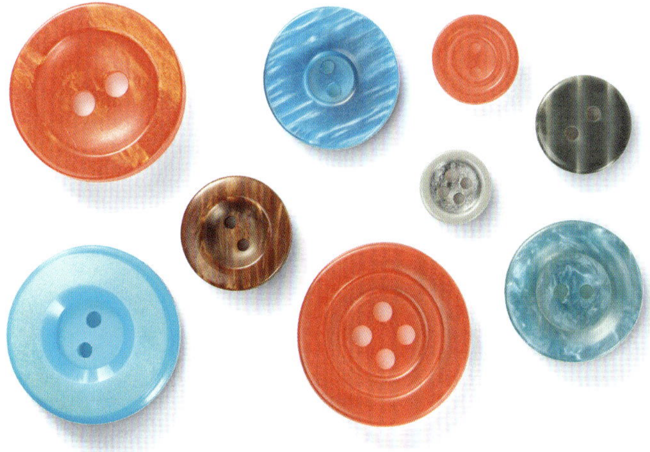

Verschlüsse zu öffnen könnte bedeuten, dass das Kind das Bedürfnis nach feinmotorischen Tätigkeiten hat. Ausdauernde Versuche, aufs Sofa zu klettern, das Besteigen eines Stuhls oder hin und her rollen auf dem Boden, statt sich für eine Sortierarbeit mit Farben zu interessieren, zeigen ein Bedürfnis nach Bewegung und Körpererfahrungen an. Und ein endloses Befüllen und Leeren von Behältnissen schließlich zeigt uns, dass das Kind sich in seinem Verständnis von Leer/Voll übt.

Den Impulsen, die wir durch die Beobachtung seines Tuns aufnehmen, können wir entnehmen, welche Arbeiten das Kind womöglich braucht, ihm diese mit vorhandenem Material ermöglichen oder Passendes besorgen. Das Kind kann diese Anregungen dann aufnehmen oder auch nicht; die Erwachsenen schlagen eine Arbeit vor, zeigen dem Kind, wie sie geht und warten seine Reaktion ab.

Eine Arbeit ist dann geeignet für das Kind, wenn es diese konzentriert, zufrieden, freudig und bemüht wiederholt. In der Tat wollen Kinder, wenn eine Aktivität ihrem Lernfenster entspricht, diese meist viele Male wiederholen. In dieser Phase bilden und stärken sich neue neuronale Verbindungen, deshalb muss dieses wiederholte Tun gefördert werden.

Zeigt sich das Kind interessiert, kann der Erwachsene fortfahren und weitere Tätigkeiten in derselben Lernkategorie entwickeln. Wenn es auf die angebotenen Spiele dagegen nicht eingeht, sollte der Erwachsene sie beiseitelegen und nach neuen Impulsen beim Kind Ausschau halten, um ihm andere, zu seinem Entwicklungsmoment passendere Arbeiten vorzuschlagen. Bei jeder Montessori-Tätigkeit bleibt das Kind der wichtigste Impulsgeber.

WIE SPIELEN WIR AM BESTEN MIT UNSEREM KIND?

Für das Spiel mit einem Kind brauchen wir Geduld, Ruhe und Vertrauen.

Man sollte Kindern Freiheit in der Wahl der Spieltätigkeiten lassen oder – die Kleinsten – zwischen zwei Optionen wählen lassen, wie etwa: »Möchtest du mit dem Steckspiel oder mit den Farben spielen?« So lernen Kinder, zu wählen und auf die eigenen Neigungen und Wünsche zu hören.

Wir können ihnen das Entwicklungsmaterial zeigen, indem wir den drei Phasen der Montessori-Methode folgen und ihre Reaktion abwarten. Handelt es sich um kreative Spiele oder Kastenspiele, können wir das Kind die Materialien alleine erkunden lassen oder ihm unterstützende Fragen stellen. Wir folgen seinen Bedürfnissen und nehmen seine Entdeckungen nicht vorweg.

Macht das Kind Fehler oder hat Mühe beim Durchfüh-

ren des Spiels, gilt es, tief Luft zu holen und sich in der Tugend des Wartens zu üben. Das Kind verwendet den Gegenstand nicht etwa falsch. Es benötigt keinen unmittelbaren Beistand (es sei denn, es bittet ausdrücklich darum). Wir messen nicht die Zeit, die das Kind zum Erreichen des Ziels braucht. Es geht hier nicht um vergeudete Mühe, sondern um eine höchst nützliche Konzentrationsarbeit. Sein Bemühen bietet dem Kind eine großartige Gelegenheit: Es verwendet seine Fertigkeiten, um ein zielgerichtetes Verhalten zu realisieren. Am Ende des Prozesses wird es eine neue Fähigkeit entdeckt haben. Mit unserem Eingriff würden wir diesen Prozess unterbrechen und die Entdeckung verhindern.
Während des Spiels können wir uns mit dem Kind unterhalten, sofern es sich dazu bereit zeigt und nicht in eine solitäre Arbeit vertieft ist. Spricht das Kind uns an, können wir den Dialog mit Sätzen anregen, wie etwa: »Ach, wirklich? Und was ist dann passiert? Erzähl, ich hör dir zu.« Oder wir zeigen, dass wir zugehört haben, indem wir wiederholen, was das Kind gerade gesagt hat. Oder wir erklären und beschreiben, was das Kind gerade tut, wie z. B.: »Jetzt geben wir der Kuh etwas zu essen.«, »Jetzt suchen wir das richtige Loch für den Kreis.« oder »Wir malen mit dem gelben Stift«.
Ebenso können wir für das Kind in Worte fassen, wie es sich im Zusammenhang mit bestimmten Umständen fühlt. Wenn es z. B. wütend wird, weil ihm ein Spiel nicht gelingt, ist es hilfreich, das Gefühl, das wir sehen, zu benennen, etwa so: »Ich verstehe, es macht dich wütend, dass du den Kreis nicht in das Loch hineinbekommst.« Dabei sind selbstverständlich jedes Urteil und jede Kritik oder Abwertung der vom Kind ausgedrückten Gefühle zu vermeiden. Wenn wir sehen, wie es sich mit etwas abmüht und sich davon abwenden will, besteht unsere Aufgabe darin, es zu ermutigen und darin zu bestärken, nicht aufzugeben. Wir müssen die richtigen Worte finden, um seine Mühe und Anstrengung und die daraus erwachsende Belohnung zu würdigen.

Vorschläge für Tätigkeiten

In diesem Abschnitt kommen wir zum Kern des Montessori-Laboratoriums. Machen Sie sich also bereit, Ihre Küche, den Schreibtisch oder den Teppich im Wohnzimmer zu einem Arbeitsplatz für Ihr Kind umzugestalten, wo Sie es Neues erschaffen, handhaben, lernen, sich konzentrieren, Fehler machen und jubeln sehen.
Sie werden seine Eroberungen direkt miterleben und stolze Beobachter seines Wachstums sein. Haben Sie keine Angst, es geht nicht um komplexe Tätigkeiten mit vielen unauffindbaren oder zu besorgenden Materialien. Im Gegenteil. Für die meisten Arbeiten sind Recycling-Material, Haushalts- oder leicht beschaffbare Gegenstände geeignet. Es sind absichtlich einfache Aktivitäten, für alle erschwinglich, leicht zu verwirklichen und ohne Weiteres in den Alltag integrierbar. Ob Snack, Mittagessen oder Hausarbeit, alles kann sich in kostbare Momente für die Entwicklung von Fertigkeiten verwandeln. Die einfachsten Spiele können sehr effektiv sein. Was zählt, ist die Art und Weise, wie wir sie einführen.
Für jede Tätigkeit gebe ich Ihnen die nötigen Materialien an, ebenso die entsprechenden Lernziele (die zu erwerbenden praktischen Kompetenzen und zu erlernenden Konzepte sowie die entwickelten kognitiven Fähigkeiten) und die nötigen Anleitungen. Außerdem Hinweise dazu, wie Sie die Tätigkeiten verändern und dem Alter des Kindes anpassen können, damit sie in verschiedenen Entwicklungsmomenten anwendbar sind.

Dem Montessori-Denken entsprechend, sind die vorgeschlagenen Arbeiten flexibel und daher auf Kinder unterschiedlichen Alters und auf verschiedene Entwicklungsphasen anpassbar. Daher finden Sie nur eine ungefähre Mindestaltersangabe und den Schwierigkeitsgrad ohne sonstige Einschränkungen, außer zum Schutz des Kindes.
Haben Sie keine Angst, ihm neue Sinneserfahrungen zuzumuten; für das Kind sind es stets kostbare Wachstums- und Lerngelegenheiten. Wichtig ist, dass Sie mit Hilfe einer gezielten Materialauswahl für seine Unversehrtheit sorgen und an seiner Seite sind.
Größere Kinder können dagegen Tätigkeiten nicht nur selbstständig ausführen, sondern auch die Materialien selbst vorbereiten. Die vorgeschlagenen Arbeiten können das Interesse von bis zu etwa siebenjährigen Kindern wecken.
Zudem finden Sie einen Hinweis auf Ihre Rolle als Eltern im Spiel, entweder integrativ oder interaktiv oder als reine Beobachter. Nehmen Sie sich auch für schnell und leicht durchführbare Arbeiten Zeit. Die geteilten, positiven Gefühle werden Ihrem Kind beim Lernen der neuen Fertigkeiten zugutekommen.
Widmen Sie jeder Arbeit einen präzisen, begrenzten Raum, damit das Kind lernt, dass es für seine Tätigkeiten Grenzen gibt. Denken Sie auch dran, dass jedes Spiel mit der Präsentation des Materials beginnt, das immer klar, ordentlich und logisch angeordnet ist, und mit dem Aufräumen der Arbeitsfläche endet. So

verinnerlicht das Kind, wie wichtig die Ordnung und Sauberkeit seiner Sachen sind.

Entsprechend der Struktur der Tätigkeiten, wie Montessori sie für ihre Schulen entwickelte, sind die Spiele in drei Kategorien unterteilt: Lernen mit den Sinneserfahrungen, Erfahrungen des praktischen Lebens und Aktivitäten im Freien.

Die erste Gruppe besteht aus 19 Spielen, mit denen das Kind die Handbewegungen übt und sich auf das Schreiben vorbereitet, sein visuelles und auditives Unterscheidungsvermögen anregt und seinen Geruchssinn entwickelt. Die Aktivitäten zum Lernen der Zahlen, Buchstaben und Farben sind einfach realisierbar, sodass diese Konzepte der Montessori-Methode auch zu Hause leicht erlernbar sind.

In der zweiten Gruppe finden Sie Anregungen, wie Sie Ihrem Kind beibringen können, sich selbstständig mit seiner Körperpflege und Kleidung zu befassen, ebenso wie sich aktiv am Haushalt zu beteiligen und als wichtiger Bestandteil des Familienlebens zu fühlen.

Der letzte Teil der Spiele sind schließlich Aktivitäten im Freien, damit das Kind mit der Natur vertraut wird, dem laut Montessori unverzichtbaren Begleiter auf seinem Wachstumsweg.

Und nun wünsche ich Ihnen gute Arbeit!

12345
67890

LERNEN MIT DEN SINNESERFAHRUNGEN

Zahlen kreativ lernen

MATERIAL:
DIN-A3-PAPPE, ORANGENE UND GRÜNE PAPPE, KLEBER, SCHERE, FILZSTIFT.

LERNZIELE: Einfach und leicht durchführbar. Das Kind lernt mit Hilfe des Tastsinns und der Aufteilung der Aufgabe in drei Phasen die Zahlen von 0 bis 9.

WIE: Man kann Zahlen auf unterschiedliche Weise präsentieren, hier tun wir es mit Papierkarotten. Wir zeichnen 10 lange Dreiecke mit der Spitze nach unten auf orangene Pappe. In jedes Dreieck schrei-

ben wir klar und deutlich jeweils eine Zahl von 0 bis 9. Oder wir drucken die Zahlen, schneiden sie aus und kleben sie auf die Karotten. Dann schneiden wir unsere Karotten aus und legen sie der Reihe nach von 0 bis 9 auf ein DIN-A3-Blatt, sodass das Kind die Zahlenfolge sehen kann.
Jetzt nehmen wir die grüne Pappe und schneiden 45 1 cm dicke Streifen, so lang wie die Dreiecke. Damit ist das Material vorbereitet. Wir setzen uns mit dem Kind zu unserer Linken hin und legen die Karottenreihe vor uns. Wir zeigen ihm die Zahlenfolge, berühren die Zahl 0 mit Zeige- und Mittelfinger, malen das Oval nach und sagen dazu dreimal laut: »So schreibt man die Null.« Dasselbe tun wir mit der Zahl 1. Jetzt bitten wir das Kind, es uns nachzutun, d.h. mit Zeige- und Mittelfinger die Form von 0 und 1 nachzumalen. Dann bitten wir es, die Zahl anzugeben (»Berühre die Zahl 0«), und schließlich zeigen wir auf 0 und dann 1 und bitten das Kind, uns zu sagen, um welche Zahl es sich handelt (»Welche Zahl schreibt man so?«). Sind beide Zahlen gelernt, gehen wir zu den nächsten beiden über. Andernfalls beginnen wir von vorn und lassen das Kind wieder 0 und 1 berühren.
Die nächste Aufgabe besteht darin, den Zahlen die entsprechende Menge zuzuordnen. Wir nehmen die grünen Streifen und kleben an jede Karotte die dem Wert entsprechende Anzahl. Dabei berühren wir die Zahl wieder mit Zeige- und Mittelfinger und sagen laut, wie sie heißt, bevor wir das Kind die Streifen aufkleben lassen und es darauf hinweisen, dass mit jeder Zahl von 0 bis 9 ein Streifen hinzukommt.

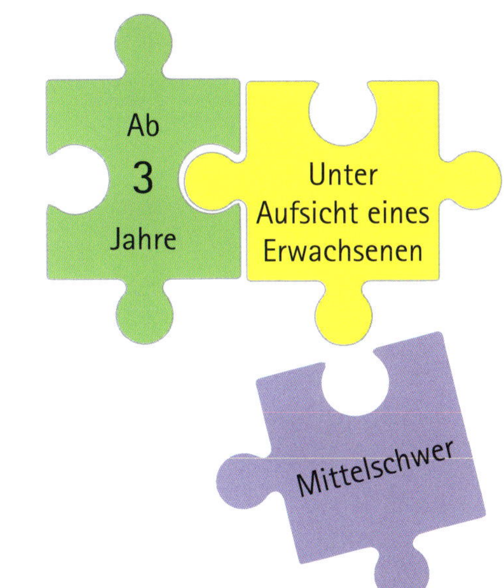

1
2
3
4
5
6
7
8
9
10

Das Zuordnen von Mengen und Zahlen lässt sich mit allen möglichen Gegenständen durchführen. Wir können Karten mit gedruckten Zahlen herstellen oder letztere auf ein Stück Schaumstoff schreiben, damit die Objekte dreidimensional sind und die Form mit der Berührung klarer wahrgenommen werden kann. Dann bereiten wir befüllte Gefäße vor, die je nach Inhaltsmenge der entsprechenden Schaumstoffzahl zugeordnet werden.

Ab 2 Jahre

Unter Aufsicht eines Erwachsenen

Mit Hülsenfrüchten zählen und den Zahlen Mengen zuordnen

MATERIAL:
10 LEERE GLÄSER ODER DOSEN, EIN TELLER MIT HÜLSENFRÜCHTEN, ZAHLEN VON 0 BIS 9 (GEDRUCKT AUF KÄRTCHEN AUS PAPPE, PLASTIK, HOLZ ODER STOFF).

LERNZIELE: Üben der Assoziation von Zahlen und Mengen und der Feinmotorik.

WIE: Wir legen die Zahlen vor die in einer Reihe aufgestellten Gläser. Wir stellen dem Kind den Teller mit Hülsenfrüchten vor die Gläser. Jetzt bitten wir es, in jedes Glas so viele Hülsenfrüchte zu füllen, wie die Zahl angibt. Zunächst machen wir es dem Kind vor. Wir sagen: »Das ist null«, und berühren die Zahl mit Zeige- und Mittelfinger. Dann erinnern wir daran, dass die Null keiner Menge entspricht, und legen daher nichts ins Glas. Nun ist das Kind dran. Irrt es sich, korrigieren wir es nicht. Es darf die Tätigkeit bis zum Ende alleine ausführen.

Nach Beendigung lassen wir das Kind sein Werk kontrollieren, indem wir es bitten, die Hülsenfrüchte in jedem Glas zu zählen und mit der Zahl davor zu vergleichen. Dafür muss es bereits Übungen zu den einzelnen Zahlen gemacht haben und erkennen können, wie sie geschrieben werden. **Die Kleinsten** bitten wir nur, Hülsenfrüchte nach Sorten getrennt in die verschiedenen Gläser zu füllen (Linsen, Kichererbsen, Bohnen etc.), während wir dazu laut die Menge zählen, damit sie beim Einfüllen in die Gläser die Zahlenfolge schon mal hören.

Sinnlich erfahrbare Buchstaben zum Lernen des ABCs basteln

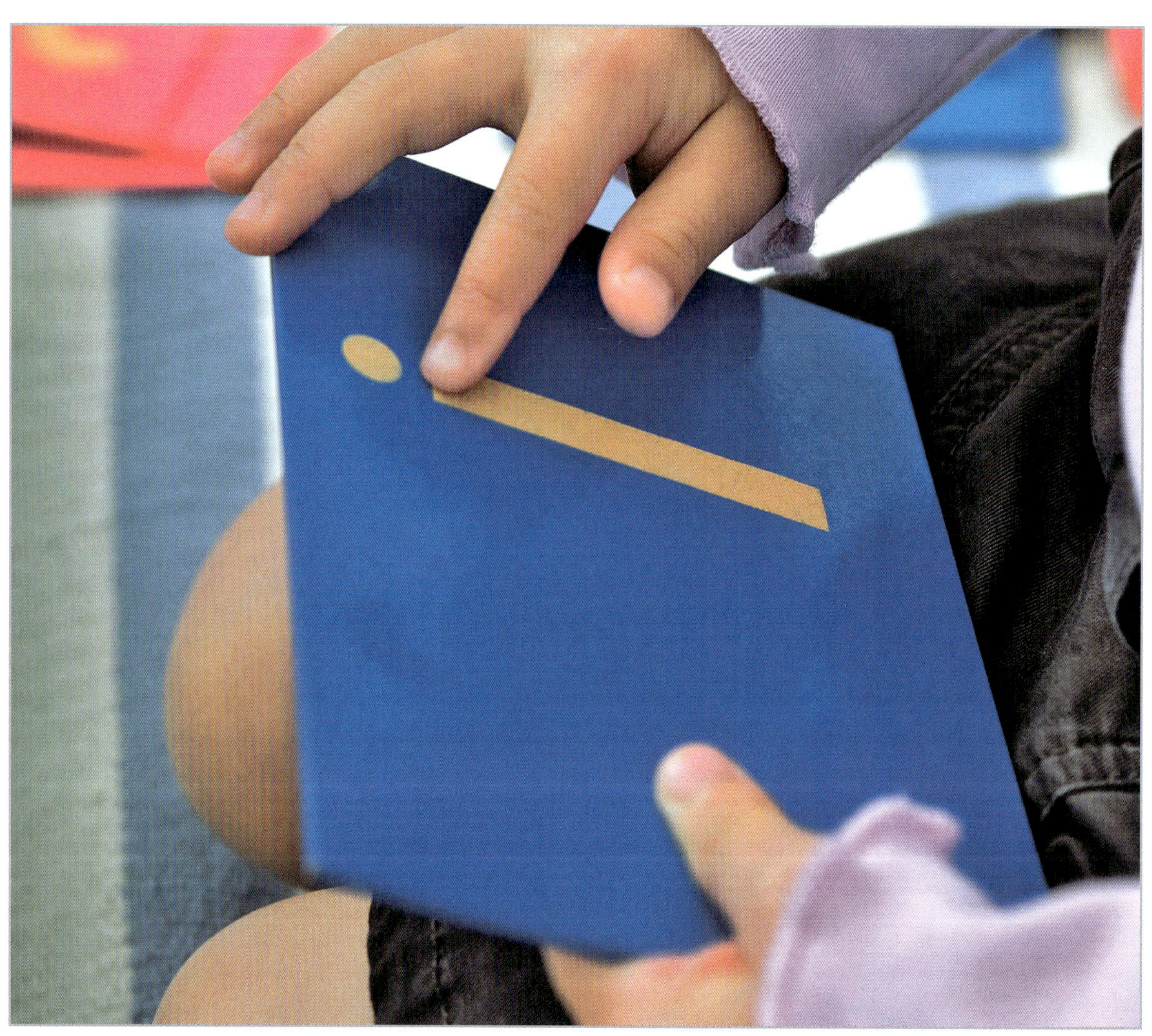

MATERIAL:

26 TAFELN AUS LEICHTEM HOLZ ODER PAPPE (STÄRKE CA. 4 MM), QUADRATISCH (CA. 13,5 CM) UND RECHTECKIG (CA. 13,5 X 9 CM FÜR B, D, F, G, L, P, Q, T, Z) MIT ABGERUNDETEN ECKEN; 21 BLATT NICHT ZU GROBES SANDPAPIER ODER STOFF, SCHERE, KLEBER, PAPPSCHACHTEL ODER BLECHDOSE, KLEINE SCHALE MIT WASSER, HANDTUCH.

Mittelschwer

Ab 2½ Jahre

Unter Aufsicht eines Erwachsenen

LERNZIELE: Vorbereitung auf das Lernen der Buchstaben über die Verbindung von Tastsinn und dem Klang der Buchstaben. Das Muskelgedächtnis, das durch das Berühren der Buchstaben ins Spiel kommt, fördert die Assoziation von Zeichen und Klang.

WIE: Zunächst besorgen wir uns die Sandpapierbuchstaben. Im Handel sind sie leicht zu bekommen, doch können wir sie auch selbst basteln: Wir zeichnen auf Sandpapier etwa 10 cm große Buchstaben (hilfreich sind auch Schablonen). Wir schneiden sie aus und legen sie beiseite. Nun basteln wir die Unterlage: Ideal wären Quadrate und Rechtecke aus Sperrholz, die wir zuschneiden und an den Ecken abrunden (lassen). Andernfalls nehmen wir Untersetzer aus Holz, Plastik oder Kork, oder schneiden einfach etwa 4 mm dicke Pappe aus. Wir kleben die Sandpapierbuchstaben in die Mitte der zugeschnittenen Karten oder Tafeln. Auch Wollstoff oder andere weiche Stoffe sind geeignet, Hauptsache, das Material fühlt sich anders an als das Sandpapier. Wir lassen den Kleber trocknen und nehmen eine Pappschachtel oder Blechdose, aus der die Buchstaben vertikal herausgezogen werden können.
Jetzt ist das Material fertig. Wir legen es dem Kind vor, die Aufgabe erfolgt in drei Phasen.
Wir setzen uns mit dem Kind zur Linken an einen Tisch, mit der Buchstabenschachtel, der Schale mit Wasser und dem Handtuch vor uns. Wir legen nach dem Zufallsprinzip drei Buchstaben nebeneinander auf den Tisch. Wir befeuchten Zeige- und Mittelfingerkuppe der dominanten Hand und trocknen sie mit dem Handtuch ab (damit die Buchstaben nicht schmutzig werden und lange halten), bevor wir die Form des ersten Buchstaben nachmalen. Dabei sprechen wir den Klang des Buchstabens, z. B. b, dreimal laut aus, ehe wir zum nächsten Buchstaben übergehen. Nun bitten wir das Kind, die Buchstaben jeweils selbst zu berühren.
Wir fragen es: »Welcher Buchstabe ist b?« Ebenso fragen wir nach den anderen beiden. Wir kontrollieren das Lernergebnis, indem wir nochmal nachfragen: »Welcher Buchstabe ist das?«

In Mehl oder Sand schreiben und zeichnen

MATERIAL:
EIN TABLETT AUS HOLZ ODER PLASTIK MIT HOHEM RAND, SAND ODER FEINES SALZ ODER MAISMEHL, KARTEN MIT SANDPAPIERBUCHSTABEN (ODER KÄRTCHEN ZUM SPONTANEN BESCHREIBEN MIT BUCHSTABEN).

LERNZIELE: Schließt sich an die Übung mit den Sandpapierbuchstaben an; Festigung des Erlernens der grafischen Buchstabenform durch Üben der Handbewegungen und somit Vorbereitung auf das Schreiben; fördert zudem die Entwicklung von Feinmotorik und Konzentration.

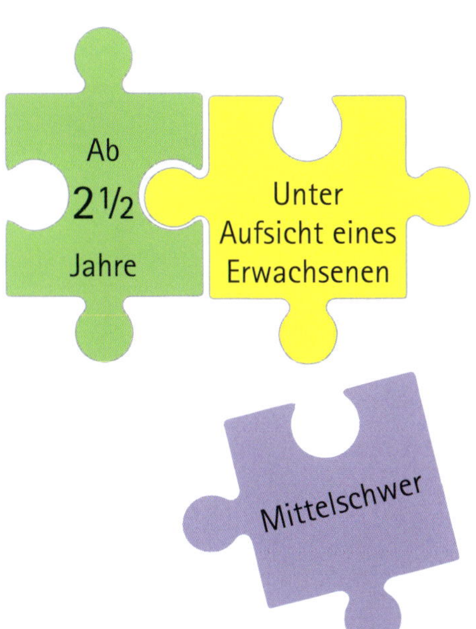

WIE: Das Kind sitzt wieder zu unserer Linken, das Material liegt vor uns auf dem Tisch. Wir geben Sand, Salz oder Maismehl auf das Tablett, bis sein Boden ganz bedeckt ist. Vor das Tablett legen wir die erste Sandpapierbuchstabenkarte (oder eine Pappe, auf die wir die Buchstaben geschrieben haben; wir können auch ein Blatt Papier mit einer Liste der Druckbuchstaben nehmen, Hauptsache, sie werden einzeln präsentiert). Wir berühren mit Zeige- und Mittelfinger den Sandpapierbuchstaben, sagen dazu laut den Namen und malen ihn dann in den Sand. Wir lassen das Kind den Vorgang wiederholen und fahren mit den anderen Buchstaben fort.

Wir nutzen das Tablett auch zum freien Zeichnen oder Nachmalen, da sich so die Handmuskulatur wunderbar trainieren lässt.

Einen »Rosa Turm« bauen, um zu lernen, die Größen zu unterscheiden

MATERIAL:
10 ROSA ANGEMALTE
UND LACKIERTE WÜRFEL,
IN ANSTEIGENDER GRÖSSE:
VON 1 x 1 x 1 CM,
2 x 2 x 2 CM USW.
BIS ZU EINER GRÖSSE
VON 10 x 10 x 10 CM.

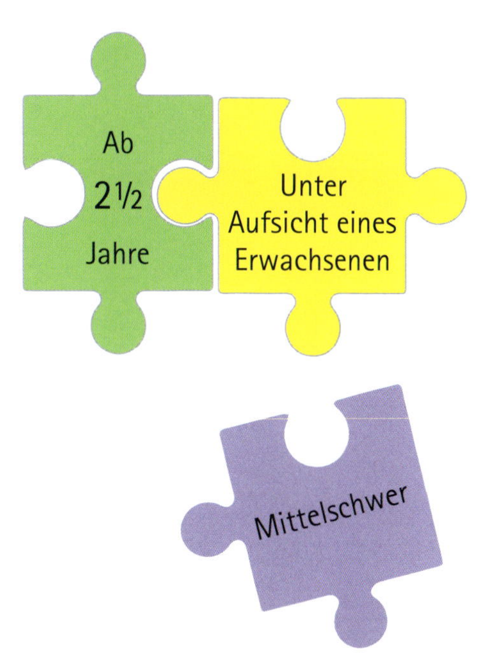

LERNZIELE: Eines der berühmtesten Montessori-Materialien, fördert das Verständnis von Größe und Anordnung der Objekte mittels Größenvergleich; Lernen der Unterscheidung zwischen Groß und Klein und Entwicklung der Feinmotorik.
Es ist Sinnesmaterial, weil das Kind die Eigenschaften der Würfel durch die Sinneswahrnehmung lernt:
Um sie zu greifen und zu bewegen, muss es die ganze Hand verwenden. Je größer der Würfel, umso weiter muss es die Hand öffnen.

WIE: Wir kaufen die Würfel im Handel oder bauen sie nach den Materialangaben selbst.
Wir zeigen dem Kind, das zu unserer Linken sitzt, den auf einem Teppich fertig gebauten Turm, die Würfel in absteigender Größe übereinander, sodass das Kind das Ergebnis seiner künftigen Arbeit sehen kann.
Es kann den Turm mit der Absicht, ihn gemeinsam neu aufzubauen, zerstören.
Die Würfel liegen nun durcheinander auf dem Teppich verteilt. Wir zeigen dem Kind, wie es sie aufnehmen kann: Wichtig ist, dass es jeden Würfel von oben greift und je nach Größe wahrnimmt, wie weit es die Hand öffnen muss, um ihn festhalten zu können. Wir nehmen den größten und stellen ihn vor uns, dann fahren wir nach absteigender Größe fort, bis der Turm fertig ist.

Jetzt ist das Kind dran:
Wir bitten es, den Turm nochmal alleine zu bauen. Wir lassen es nach Belieben die Würfel anfassen, umstellen und drehen, auch wenn die Anordnung falsch ist: Das Material zeigt dem Kind seine Fehler, sodass es sie selbst korrigieren und am Ende zum Ergebnis finden kann.

Farben lernen

MATERIAL:
FILZSTIFTE IN GELB, ROT, BLAU, GRÜN, ORANGE, LILA, ROSA, BRAUN, SCHWARZ, WEISS UND GRAU; 22 KARTEN À 5 x 5 CM, KREPPBAND, SCHACHTEL.

LERNZIELE: Dem Farbkasten Nr. 2 aus dem Montessori-Material nachempfunden, ist die Aufgabe dazu gedacht, die Farben zu unterscheiden und ihre Namen zu lernen.

WIE: Wir malen mit den Filzstiften (oder Temperafarben) immer zwei Pappkarten pro Farbe an. Auf jede Karte kleben wir als Rahmen oben und unten einen Streifen Kreppband. Wir legen das Material in eine Schachtel, die für die Aufbewahrung der Karten gedacht ist.
Wir stellen zu Beginn die Schachtel vor uns, das Kind sitzt links von uns. Wir mischen auf dem Tisch die Farbkarten durch. Dann nehmen wir nacheinander die Grundfarben (gelb, rot, blau) auf. Zum Beispiel: Wir nehmen das Rot und legen es vor uns hin. Dabei fassen wir die Karten immer am Kreppband an, um die Farbe nicht zu verdecken. Dann sagen wir: »Jetzt suche ich noch genau so eine wie diese.« Wir suchen die andere rote Karte und legen sie neben die erste. Wir fassen beide Karten an und zeigen dem Kind, dass die Farben gleich sind. Dann legen wir das Kartenpaar in die Schachtel.

Nun nehmen wir eine gelbe Karte und legen sie vor das Kind. Wir bitten es, die entsprechende zweite Karte zu suchen. Ist das Paar gefunden, wird es in die Schachtel gelegt. So machen wir mit allen Farben weiter. Sobald wir sehen, dass die Zusammenstellung der Farben gut funktioniert, führen wir die Namen der Farben ein. Zuerst verteilen wir wieder das Material vor uns, das Kind sitzt links neben uns. Wir nehmen die rote Karte und sagen dreimal den Namen der Farbe: »Das ist rot.« Wir mischen die Karten auf dem Tisch und fragen das Kind: »Welche ist rot?«, »Kannst du mir die rote geben?«, »Kannst du die rote in die Schachtel tun?« Ist das Kind in der Lage dazu, gehen wir zu Phase 3 über. Andernfalls fangen wir wieder von vorn an, indem wir ihm die rote Karte zeigen (bitte nicht auf den Fehler hinweisen, es genügt, von vorn zu beginnen). In der letzten Phase legen wir alle Karten hin und bitten das Kind, uns den Namen der Farbe jeder Karte zu sagen. Es braucht etwas Übung, bis das Kind alle Namen weiß. Doch in der Zwischenzeit können wir andere Spiele spielen (z. B. frei mit den Farben malen, angemalte Wäscheklammern an die gleichfarbigen Karten heften, den Karten gleichfarbige Gegenstände zuordnen oder Obst und Gemüse nach Farben sortieren).

Durch Zuordnung von Obst und Gemüse Farben lernen

MATERIAL:

3 SCHALEN – GELB, ROT UND BLAU (ODER 3 ANGEMALTE PAPPBECHER), EIN TELLER MIT ROTEN UND GELBEN PAPRIKASTÜCKEN UND LILAFARBENEM SALAT.

LERNZIELE: Klassifikationsarbeit zum Farbenlernen in Verbindung mit Gegenständen aus dem Alltag und einer normalen Haushaltstätigkeit.

WIE: Wir bereiten einen Salat aus Paprika und dunkelblättrigem/lila Salat zu. Wir zeigen dem Kind die drei farbigen Schalen und das in Stücke geschnittene Gemüse. Wir rufen ihm die Namen jeder Farbe ins Gedächtnis, indem wir auf die Schalen (gelb, rot und blau) zeigen. Nun zeigen wir auf die erste Schale mit der Frage: »Welche Gemüsestücke haben dieselbe Farbe wie die rote Schale?« Wir schlagen dem Kind vor, das Gemüse in die Schale zu tun. Dasselbe tun wir mit den anderen Farben.

Mittelschwer

Ab 2 Jahre

Unter Aufsicht eines Erwachsenen

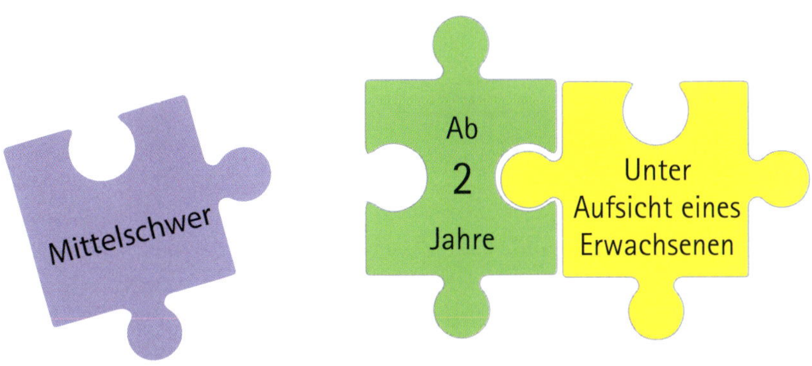

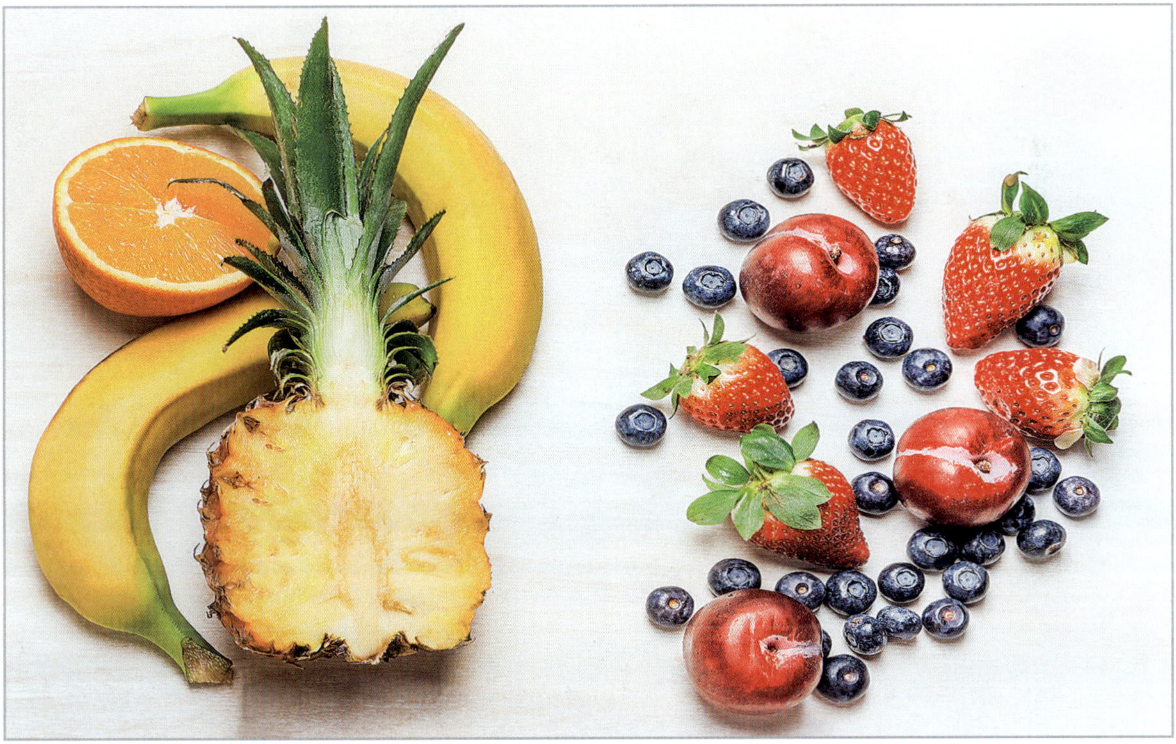

Zum Spielen mit den Farben in der Küche können wir auch verschiedenfarbige Servietten nehmen (weiß, rot, gelb, grün, orange, blau), sie vor dem Kind auffalten und es bitten, nach dem Obst und Gemüse zu suchen, das dieselbe Farbe hat.

Ein anderes Spiel ermöglicht das schon geschnittene Gemüse für eine Gemüsesuppe:

Wir nennen jeweils eine Farbe und das Kind darf die Gemüsestücke dieser Farbe nehmen, den Namen des Gemüses und seiner Farbe sagen und es in den Topf tun. Auf diese Weise lernt es nicht nur die Farben, sondern auch die Namen der Zutaten, die eine ganz bunte Gemüsesuppe bilden.

Wissenschaft mit Hilfe eines Kräutergartens

MATERIAL:
ERDE, KLEINE TÖPFE ODER RECYCLINGMATERIAL (JOGHURTBECHER, EINGEROLLTES ZEITUNGSPAPIER, LEERE PAPPROLLEN, EIERSCHALEN), SAMENTÜTCHEN, HARKE, SCHAUFEL, LÖFFEL, GIESSKANNE, HEFT, FOTOAPPARAT.

LERNZIELE: Gärtnern können wir mit einiger Umsicht auch im Haus. Es ermöglicht dem Kind, grundlegende Informationen über die Natur, die Lebenszyklen und wissenschaftliche Kenntnisse über die Pflanzen zu erwerben (z. B. welche Nahrung sie brauchen, wie sie entstehen usw.).

WIE: Wir stellen dem Kind eine Schachtel für sein Werkzeug zur Verfügung. Gemeinsam sammeln wir in einem kleinen Heft Zeichnungen, Fotos und Notizen oder Informationen aus dem Internet, die das Wachstum unserer Pflanzen betreffen: Fotos, die den Wachstumsverlauf zeigen, Notizen über die

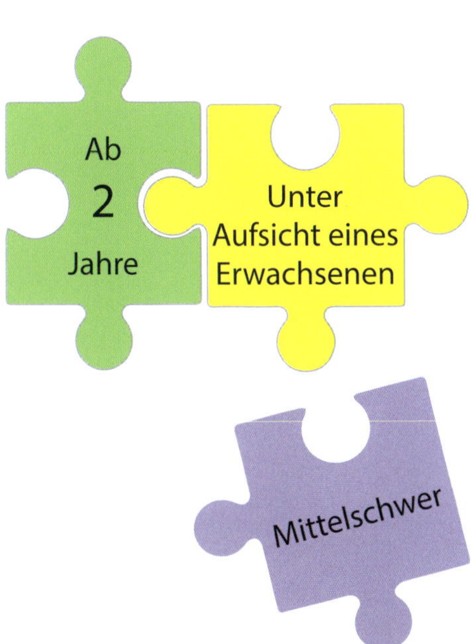

Menge an verwendeter Erde, die Art der Samen, wie viel Wasser sie brauchen, die Blatteigenschaften, die Schädlinge, vor denen das Pflänzchen geschützt werden muss, die Entwicklungszeiten usw.

Beginnen können wir mit der Wahl von Recyclingmaterial wie z. B. Eierschalen.

Wir bitten das Kind, mit einem Löffel ein wenig Erde in jede Eierschale zu füllen. Dann stellen wir fest, wie tief der Samen in die Erde muss und lassen das Kind jeweils einen Samen hineinstecken. Ich empfehle schnell keimende Samen (etwa Bohnen), damit das Kind zwar lernt zu warten, aber doch die Befriedigung eines schnellen Ergebnisses seiner Arbeit erfährt. Wir zeigen ihm, wie man vorsichtig die Erde wässert, ohne dass Wasser danebengeht oder die Erde zu sehr aufgewühlt wird.

Lassen Sie sich den Blick Ihres Kindes nicht entgehen, wenn die ersten Keime erscheinen!

Mit Knete formen

MATERIAL:
PLASTIKDECKE (WACHSTUCH), KNETE,
1 KLEINER HAMMER (ODER GROSSER FILZSTIFT),
1 PLASTIKMESSER, 3 UNTERSCHIEDLICH
GROSSE FLASCHENDECKEL, 2 VERSCHIEDEN GROSSE BECHER ODER GLÄSER, 2 NUSSSCHALEN,
1 WÄSCHEKLAMMER, 1 BLEISTIFT OHNE SPITZE, 1 PLASTIKSCHERE.

Ab 18 Monate

Unter Aufsicht eines Erwachsenen

Leicht

LERNZIELE: Kneten ist sensorisch sehr stimulierend, da es die Feinmotorik ausbildet, dank der körperlichen Anstrengung die Handmuskulatur aktiviert und zudem die Konzentration und Kreativität fördert.

WIE: Wir breiten das Wachstuch auf einem Tisch oder auf dem Boden aus, um dem Kind zunächst beizubringen, auf einer abgegrenzten Fläche zu arbeiten. Dann legen wir alles Material sorgfältig sortiert auf ein Tablett: die Knete in eine Schale (oder bei mehreren Farben in verschiedene Schalen), eine Schachtel mit dem Schneide- oder Lochwerkzeug (dem Plastikmesser, dem Bleistift ohne Spitze), eine weitere Schale mit den Werkzeugen zum Ausrollen der Knete (dem Hammer oder dem großen Filzstift) und schließlich alle Formen, die wir haben und die altersgemäß passen (die Wäscheklammer, eine Gabel, die Gläser, Deckel, Nussschalen, Ausstechformen usw.).

Kneten ist etwas sehr Kreatives, lassen wir dem Kind also die Freiheit, das Material eigenständig auszuprobieren: Ob es knetet, drückt, schneidet, zerteilt, rollt oder die Knete in Stücke reißt – jede Geste ist willkommen.

Größeren Kindern können wir vorschlagen, reale Figuren oder geometrische Formen nach einer Vorlage zu kneten.

Die Kleinsten dagegen werden die Knete wahrscheinlich in Kleinstteile zerteilen wie Konfetti und die Ausstechformen nicht nutzen wollen: Lassen wir sie ihrem Instinkt folgen. Sie werden selbst entdecken, dass sie ihren Fingerabdruck in der Knete hinterlassen können, und sie von da an zu formen beginnen.

Ab 2 Jahre

Unter Aufsicht eines Erwachsenen

Leicht

Perlen und andere Materialien aufziehen

MATERIAL:
SCHNÜRE, WOLL- ODER NYLONFÄDEN, GUMMISCHLÄUCHE, PFEIFENPUTZER, SCHALEN MIT VERSCHIEDENEN NUDELSORTEN MIT LOCH, MITTELGROSSEN UND GROSSEN KNÖPFEN ODER PERLEN.

LERNZIELE: Fördert die Feinmotorik, die Augen-Hand-Koordination und die Konzentration – und macht Spaß.

WIE: Wir legen alles Material vor dem Kind auf ein Tablett. Dann machen wir ihm die Aufgabe vor und erklären jeden Schritt, den wir tun.
Wir wählen einen Faden aus. Wir suchen uns unter den Sachen etwas aus, in dessen Loch unser Faden passt. Ist der Faden zu dick und das Loch zu klein, dann können wir das Material nicht aufziehen und müssen neu wählen.
Am Ende des Fadens machen wir einen Knoten und erklären, dass wir damit das Durchrutschen des Materials verhindern.
In die dominante Hand nehmen wir eine Perle und mit der anderen führen wir den Faden durch das Loch. Wir zeigen, wie die Perle über den Faden bis zum Knoten nach unten rutscht. Dann wiederholen wir den Vorgang mit dem nächsten Gegenstand. Jetzt überlassen wir es dem Kind, das Material auszusuchen. Es kann mit unserer Kette weitermachen oder eine

neue basteln. Wenn ihm ein erstes Aufziehen geglückt ist, wird es mit Sicherheit zufrieden sein und gern auch mit verschiedenen Materialien weitermachen.

Den Kleinsten sollten wir zunächst eine möglichst dicke und stabile Schnur zur Verfügung stellen, weil sie am leichtesten handhabbar ist, und nach und nach feinere einführen. Dabei achten wir darauf, dass die Kinder keine Kleinteile in den Mund nehmen.

Fingermalen

MATERIAL:

PAPPSTÜCKE, ZEICHENPAPIER, ALTE WEISSE LAPPEN ODER EIN ALTES WEISSES T-SHIRT, KREPPBAND, SCHÜRZE, ALTES LAKEN UND FINGERFARBEN.

LERNZIELE: Eine wichtige Sinneserfahrung, mit der das Kind lernt, Oberflächen wahrzunehmen, mit Farben zu experimentieren und seiner Kreativität freien Lauf zu lassen. Da jede seiner Gesten zu einem Farbstrich wird, wird sich das Kind aufgrund dieser direkt sichtbaren Wirkung lange konzentrieren können.

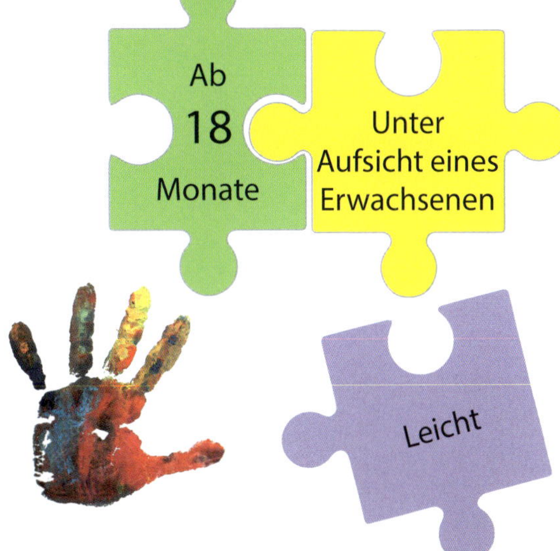

WIE: Wir gehen in ein Zimmer mit wenigen Möbeln (noch besser Garten oder Terrasse) und räumen Teppiche und Kleinmöbel fort. Wir ziehen dem Kind die Schürze an, damit es sich schmutzig machen kann. Je nach Jahreszeit braucht es auch gar nichts anzuhaben. Wir breiten ein altes Laken auf dem Boden aus und fixieren es mit Kreppband – dies ist die Begrenzung des Malraums. In die Mitte des Lakens stellen wir die Farbdosen, zusammen mit den Blättern, dem T-Shirt und den Pappstücken. Dann öffnen wir die Farbdosen, tauchen mit dem Finger hinein und schmieren ein wenig Farbe auf ein Stück Pappe, damit das Kind die Aufgabe versteht. Nun lassen wir es mit allen Körperteilen frei malen und die Farben und Oberflächen nach Belieben erkunden.

Mit den Kleinsten lassen sich die Farben gut nutzen, um den Körper kennenzulernen. Wir können die Hände bemalen, die Knie, den Bauch und die Kleinen auch uns bemalen lassen. Wir zeigen vor allem, dass man die Füße anmalen und Abdrücke auf dem Papier hinterlassen kann. Am besten beginnen wir mit nur einer Farbe zum Kennenlernen und nehmen erst in den folgenden Tagen weitere hinzu.

Den Geschmack von Obst und Gemüse erkennen

Leicht

Ab 18 Monate

Unter Aufsicht eines Erwachsenen

MATERIAL:
3 SCHALEN MIT 3 VERSCHIEDENEN, IN SCHEIBEN GESCHNITTENEN OBST- UND GEMÜSEARTEN, EINES SÜSS (Z. B. ERDBEERE ODER BANANE), EINES SALZIG (Z. B. EINE OLIVE) UND EINES SAUER ODER BITTER (ZITRONE, GRAPEFRUIT ODER SAURE GURKE), EINE AUGENBINDE. OBST UND GEMÜSE KÖNNEN NACH BELIEBEN GEWÄHLT WERDEN, HAUPTSACHE, DIE GESCHMACKSRICHTUNGEN UNTERSCHEIDEN SICH.

LERNZIELE: Training des Geschmackssinns.

WIE: Wir stellen dem Kind die Schalen mit den unterschiedlichen Obst- und Gemüsestücken hin. Wir verbinden ihm die Augen, halten ihm die erste Schale hin und fragen nach dem Geruch (süß, salzig, bitter oder sauer), nach der Konsistenz (hart, weich, cremig) und dann, um welches Stück Obst oder Gemüse es sich handelt. Die Stücke können auch gegessen werden, daher müssen wir beim Zuschneiden darauf achten, keine runden Scheiben zu schneiden. Das Spiel lässt sich gut mit einer reichen Obstmahlzeit am Nachmittag verbinden.

Mit den Kleinsten ist das Spiel nur ohne Augenbinde möglich. Wir zeigen dem Kind die Obststücke, an denen es nur zu lecken braucht, und dann die ganze Frucht, aus der das Stück herausgeschnitten ist, um den Geschmackssinn und die Assoziationsfähigkeit des Kindes zu trainieren.

Gewürze am Geruch erkennen

MATERIAL:
6 GESCHLOSSENE GLÄSER MIT JE EIN PAAR LÖFFELN EINES GEWÜRZES IN PULVERFORM ODER STÜCKEN, DIESELBEN GEWÜRZE IM GEWÜRZSTREUER, EINE AUGENBINDE.

LERNZIELE: Der Geruchssinn ist ein ebenso wichtiger wie vernachlässigter Sinn. Das Kind darin zu schulen, Gerüche zu unterscheiden und Speisen am Geruch zu erkennen, ist daher nützlich. Dabei kann das Kind auch sein Bewusstsein, seine Denkfähigkeit und den Wortschatz üben und die Küchengeräte kennenlernen.

Leicht

Ab 18 Monate

Unter Aufsicht eines Erwachsenen

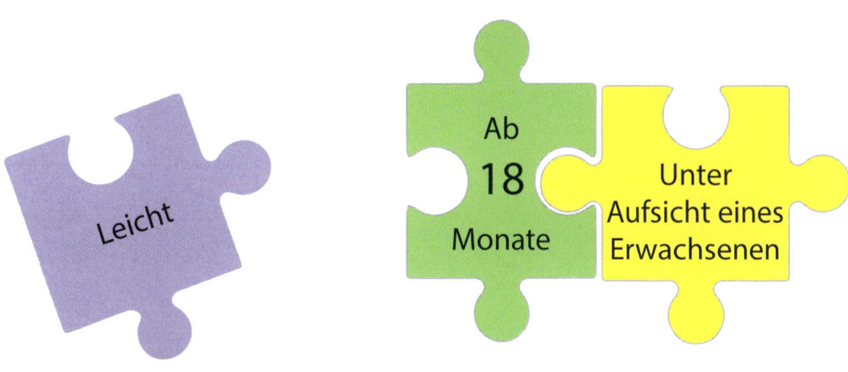

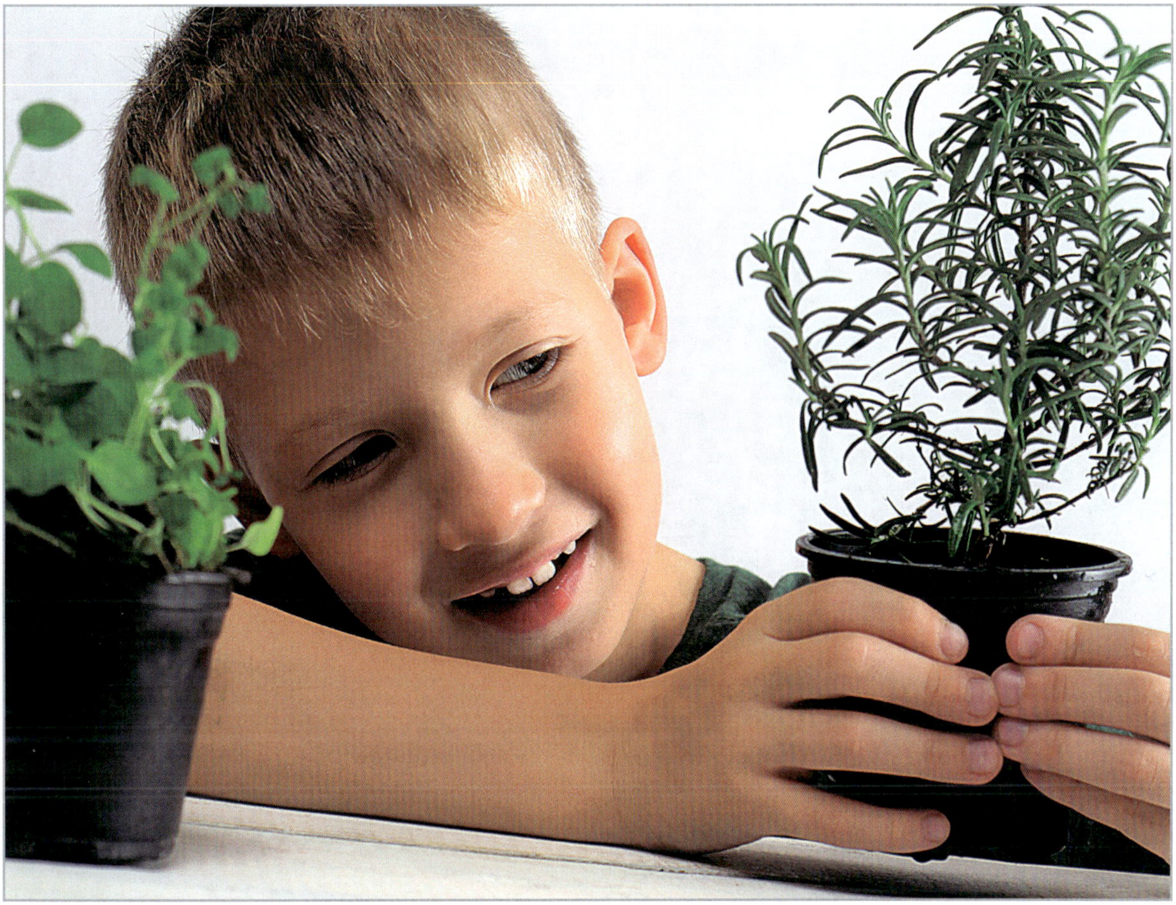

WIE: Wir zeigen dem Kind die verschiedenen Gläser mit der Erklärung, dass jedes ein Gewürz enthält, ebenso die Gewürzstreuer und die Gewürze im Ganzen. Wir verbinden dem Kind die Augen (jedoch nicht bei den Kleinsten) und halten ihm das erste Glas zum Riechen hin. Nun soll es den Geruch beschreiben und seine Reaktion darauf, ob es ihn angenehm findet oder nicht, ob er stark ist oder fein, und schließlich, ob es das Gewürz erkennt. Jetzt kann es das Glas zu dem entsprechenden Gewürzstreuer stellen. Dasselbe lässt sich auch mit unterschiedlich riechenden Lebensmitteln machen, z. B. mit Kaffee, Essig, Banane, Kräuter- oder Kamillentee, Honig, Oliven usw.

Verschiedene Arten von Nudeln in Behälter verteilen

MATERIAL:
4 LEERE GLÄSER, IN DIE 4 SORTEN NUDELN VERTEILT WERDEN, 4 BEHÄLTER MIT JEWEILS EINEM DUTZEND EINZELNER NUDELN, 1 SALATSCHÜSSEL.

LERNZIELE: Eine Auswahl- und Zuordnungstätigkeit, die zum klassifizierenden Denken anregt, das visuelle Unterscheidungsvermögen, ausdauernde, selektive Aufmerksamkeit und die Feinmotorik schult.

WIE: Wir geben in jedes Glas eine einzelne Nudel jeder Sorte, sodass klar ist, welche Nudeln dort hineingehören. Nun bitten wir das Kind, die Nudeln auf die entsprechenden Gläser zu verteilen. Als Nächstes füllen wir die verschiedenen Nudelsorten in eine Salatschüssel und vermischen sie.

Wir geben wieder in jedes Glas ein Exemplar pro Nudelsorte (damit das Kind Fehler selbst erkennen und sich korrigieren kann), bevor wir das Kind erneut bitten, die restlichen Nudeln nach Sorten in die verschiedenen Gläser zu verteilen.

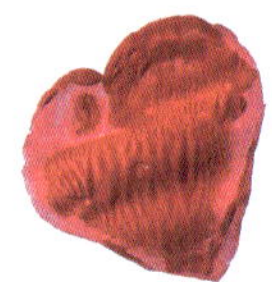

Kartoffelstempel basteln

MATERIAL:

3 WEICHE KARTOFFELN (ALTE, DIE WIR NICHT MEHR ESSEN WÜRDEN), EIN GEMÜSEMESSER, MEHRERE BLATT PAPIER, TEMPERAFARBEN ZUM ANMALEN, SCHRAUBGLASDECKEL FÜR DIE FARBEN, AUSSTECHFORMEN (Z. B. FÜR PLÄTZCHEN) ODER PAPPE.

LERNZIELE: Verständnis der Seitenumkehrung, Entwicklung von Feinmotorik und Augen-Hand-Koordination und Förderung der Kreativität.

WIE: Wir schneiden eine Kartoffel in der Mitte durch. Je nach Alter macht das Kind dies selbst oder wir lassen uns die Sachen reichen und das Kind schaut zu.
Dann nehmen wir eine Ausstechform und drücken sie tief ins Fruchtfleisch der Kartoffel, bis das Förmchen ausgefüllt ist. Wir beseitigen das Fruchtfleisch um die Form herum, bis diese sich aus der Kartoffel heraushebt. Der Stempel ist fertig. Nun lassen wir das Kind, je nach Alter, dasselbe mit den anderen Kartoffeln probieren oder wir tun es selbst. Unter Aufsicht darf das Kind auch das Messer verwenden. Wir zeigen ihm, wie man es hält, ohne sich zu schneiden, und wie man es auf die Kartoffel drücken muss, um sie mittendurch zu schneiden. Nun geben wir Farbe in einen Schraubglasdeckel, den wir rechts von einem Blatt Papier anordnen (wir arbeiten immer von rechts nach links). Wir nehmen unseren Kartoffelstempel, tauchen ihn in die Farbe und drücken ihn auf das Papier. Schon ist der Abdruck da!
Statt Formen können wir auch Buchstaben ausstechen, um Wörter zu bilden, entweder mit Ausstechern oder selbst gebastelt: Wir zeichnen mit Bleistift Buchstaben oder Zahlen auf Pappe und schneiden sie aus. Jetzt legen wir diese Schablone in die Mitte der Kartoffelhälfte und bearbeiten diese mit dem Messer, indem wir rund um die Schablone das Fruchtfleisch wegnehmen. Entsprechend können wir alle möglichen Formenreliefs ausstechen!
Die **Kleinsten** lassen wir den gebastelten Kartoffelstempel mit dem Finger berühren, einen Abdruck auf die Hand machen und versuchen, auf dem Blatt zu stempeln.
So üben sie die Beweglichkeit der Hand.

Flüssigkeiten und feste Gegenstände umfüllen

MATERIAL:

VERSCHIEDENE ARTEN VON BEHÄLTERN UND MATERIALIEN ZUM UMFÜLLEN (REIS, HÜLSENFRÜCHTE, MEHL, NUDELN, SAND, KIESELSTEINE, TANNENZAPFEN, NÜSSE, EICHELN, KASTANIEN, KORKEN UND FLÜSSIGKEITEN).

Leicht

Ab 18 Monate

Unter Aufsicht eines Erwachsenen

LERNZIELE: Förderung der sehr wichtigen Augen-Hand-Koordination, die dem Kind hilft, eine gute Muskelkontrolle zu entwickeln, seine Bewegungen abzumessen und feine Gegenstände korrekt mit den Händen zu greifen. Vorbereitung auf das Schreiben.

WIE: Das Umfüllen lässt sich mit allen möglichen Gegenständen unterschiedlichster Größe und Beschaffenheit, mit Feststoffen und Flüssigkeiten und unter Nutzung verschiedener Werkzeuge machen. Die Kinder können, wenn sie Küchengeräte zum Umfüllen verwenden, die Gelegenheit nutzen, deren Funktionsweise zu lernen, ohne den Inhalt zu verschütten.
Am besten beginnen wir mit gut zu greifenden Geräten, bevor wir zu feineren, wie etwa einer Greifzange, übergehen. Ratsam sind zu Beginn mittelgroße Objekte, damit das Kind seine Koordinationsfähigkeit üben kann. Das Umfüllen sollte, als Vorbereitung für die Schreibrichtung, immer von links nach rechts erfolgen. Wir stellen die Materialien vor das Kind und zeigen ihm, wie man die Gegenstände oder Flüssigkeiten von einem Behälter in den anderen umfüllt. Wir zeigen ihm, was wir tun, wenn etwas danebengeht. Auch beim Kochen gibt es häufig etwas umzufüllen: Das Kind kann das Rührei, den Obstsalat, die Nudeln in die Schälchen oder auf die Teller füllen, das Gemüse für den Eintopf in den Topf und das Fleisch mit der Greifzange in die Pfanne geben, Eiskugeln oder geriebenen Käse verteilen usw.

Auch für die Kleinsten ist dies eine wunderbare Tätigkeit, Sie können zuerst die Hände nehmen, dann Esslöffel, Teelöffel und schließlich eine Greifzange.

Mit Hilfe von Obst einen Regenbogen bilden

MATERIAL:
6 SCHÄLCHEN, 2 HOLZSPIESSE, 2 ERDBEEREN, 2 ORANGENSCHEIBEN, 2 ANANASSTÜCKE, 2 KIWISTÜCKE, 2 BLAUBEEREN, 2 BLAUE WEINTRAUBEN, EIN REGENBOGENBILD.
DAS OBST KANN NACH BELIEBEN GEWÄHLT WERDEN, WICHTIG SIND DIE FARBEN ROT, ORANGE, GELB, GRÜN, BLAU UND VIOLETT.

LERNZIELE: Einfaches Farbenlernen durch die Zuordnung zu konkreten Objekten, z. B. Früchten. Lernen der Farben des Regenbogens sowie Üben der Feinmotorik.

WIE: Wir nutzen den Nachmittagsimbiss und schlagen dem Kind vor, einen Spieß aus Früchten in den Farben des Regenbogens zu bilden. Wir legen dem Kind ein Tablett mit dem Spieß und den Schälchen mit den Obststücken vor. Wir legen neben das Tablett ein Foto oder eine Zeichnung von einem Regenbogen und benennen die Farben von oben nach unten. Dann wiederholen wir das Wort für die erste Farbe, suchen nach dem entsprechenden Fruchtstück (»Rot wie die Erdbeere.«) und zeigen dem Kind, wie wir es auf den Spieß stecken. Nun darf es selbst weitermachen.

Die Kleinsten dürfen das Obst aufspießen, während wir den Spieß halten.

Geräusche erkennen

Ab 18 Monate

Unter Aufsicht eines Erwachsenen

Leicht

MATERIAL:
6 DOSEN, EINE AUGENBINDE, JEWEILS EINE HANDVOLL SAMEN, BOHNEN, KICHERERBSEN, STEINE, MAIS, REIS, NUDELN UND ALLES, WAS WIR AN MATERIAL FINDEN, DAS BEIM SCHÜTTELN IN EINEM BEHÄLTNIS INTERESSANTE GERÄUSCHE MACHT.

LERNZIELE: Anregung des Hörsinns. Übung für die selektive Aufmerksamkeit, das Gedächtnis, das auditive Unterscheidungsvermögen und den Wortschatz.

WIE: Dies ist ein lustiges Spiel, bei dem wir dem Kind die Sachen zeigen, die wir ausgesucht haben, und in 6 Dosen verteilen. Jetzt nehmen wir jeweils eine Dose in die Hand, sagen dem Kind, was darin ist (z. B. »Bohnen«) und schütteln die Dose dreimal, damit es hört, wie es klingt (»Hör dir dieses Geräusch an: So klingen Bohnen«). Haben wir alle einzelnen Geräusche gehört, verbinden wir dem Kind die Augen und sagen ihm, dass es nun genau hinhören und benennen soll, um welches Material es sich handelt.

Mit größeren Kindern können wir die Gelegenheit zur Erweiterung des Wortschatzes nutzen und die Geräusche gemeinsam beschreiben (hoch, tief, laut, leise, lang oder kurz). Dann fordern wir die Kinder auf, während des Spiels die Geräusche zu beschreiben, die sie hören und die Begriffe gleich anzuwenden.

Die Kleinsten dagegen können die Dosen einfach schütteln und so ihre eigene Musik machen. Wir begleiten sie dabei, damit sie sich die Kleinteile nicht in Mund oder Nase stecken.

Dieses Spiel können wir auch mit anderen Gegenständen oder musikalischen Materialien, wie z. B. unterschiedlich klingenden Glocken, spielen.

Mit dem Aktivitätsbrett unterschiedliche Tätigkeiten lernen

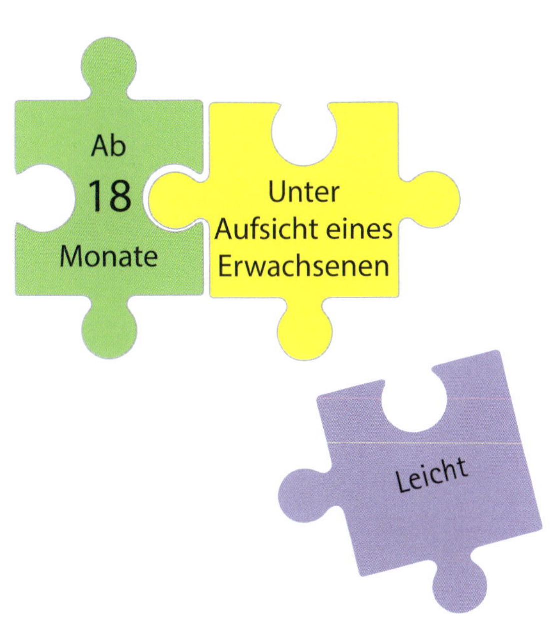

EIN HOLZBRETT, HOLZKLEBER, REISSVERSCHLÜSSE, TÜRSCHARNIERE, SCHNÜRE, KETTEN, VORHÄNGESCHLÖSSER, SCHALTER, DRUCKKNÖPFE, KLINGELN, RÄDCHEN, WASSERHAHN, KNOPFLÖCHER UND KNÖPFE, STOFFFETZEN UND SONSTIGES MATERIAL IN KLEINEN GRÖSSEN, DAS WIR IM HAUS, EISENWAREN-, BASTEL- ODER KURZWARENLADEN FINDEN.

LERNZIELE: Gezieltes Üben der Feinmotorik, Trainieren der Präzision der Bewegungen und Anregung der Fähigkeit, sich zu konzentrieren und Probleme zu lösen.

WIE: Wir besorgen uns ein schon vorbereitetes Aktivitätsbrett im Spielwarengeschäft oder basteln eines selbst. Dazu benötigen wir nur Materialien, die eine manuelle Handhabung (öffnen und schließen, abschrauben, anhängen, drehen, einfädeln usw.) erfordern, und kleben sie auf ein Holzbrett.

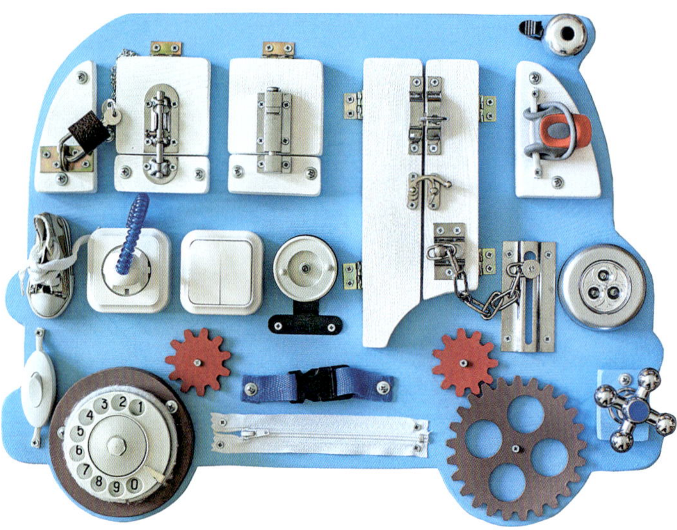

Je nach Entwicklungsphase und Interesse des Kindes können wir hier die Gegenstände variieren. Wir legen das Holzbrett vor das Kind auf den Tisch und lassen es die verschiedenen Tätigkeiten nach Belieben selbstständig ausprobieren. Das Kind wird sich von seiner Neugier und seinen Interessen leiten lassen, also vielleicht die Vorhängeschlösser und Scharniere ausprobieren, die Fensterchen öffnen und schließen wollen oder eine kleine Kette vorlegen. Wir überlassen es ihm herauszubekommen, wie die verschiedenen Materialien funktionieren, und machen es ihm nur vor, wenn es darum bittet. Das Kind darf alles so oft wiederholen, wie es möchte. Korrigieren Sie keinen Fehler: Dank seiner Versuche wird es alles selbst lernen. Manche Tätigkeiten sind, je nach Entwicklungsphase, schwerer, andere leichter.
Haben Sie Geduld, am Ende wird das Kind ganz von allein auf die Lösungen kommen.

ERFAHRUNGEN DES PRAKTISCHEN LEBENS

Selbstständig die Hände waschen

MATERIAL:
STÜCK SEIFE ODER FLÜSSIGSEIFE, SCHÜSSEL, WASSERKARAFFE, HANDTUCH.

LERNZIELE: Händewaschen gehört zu den wichtigsten Fertigkeiten der Körperpflege im Alltag.

WIE: Zunächst zeigen wir dem Kind am besten, wie es geht. Wir stellen ihm von links nach rechts ein Stück Seife (oder Flüssigseife), eine Schüssel, eine Karaffe mit lauwarmem Wasser und ein Handtuch

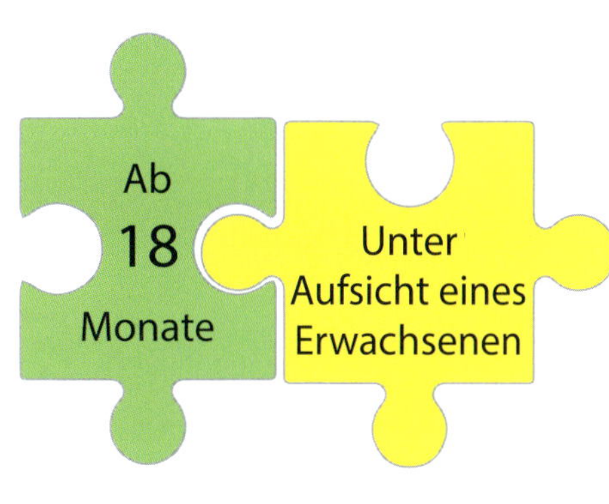

zum Händetrocknen hin. Wir gießen lauwarmes Wasser in die Schüssel, machen die Hände nass, nehmen die Seife und beginnen, uns damit die Hände einzuseifen. Dann legen wir sie zurück und reiben die Hände weiter aneinander. Wir führen jede Geste langsam aus, damit das Kind sie gut sehen kann, und beschreiben sie dabei. Nach etwa einer Minute halten wir die Hände ins Wasser und spülen sie ab. Dann schütteln wir das Wasser ab, nehmen das Handtuch und trocken die Hände. Jetzt bitten wir das Kind, es uns genau nachzutun.

Hat das Kind begriffen, wie man sich die Hände wäscht, können wir die Schüssel durch das Waschbecken im Bad ersetzen (fürs Kind erreichbar über einen Schemel). Mit eingestecktem Stöpsel stellen wir dem Kind das nötige Wasser zur Verfügung, damit es nach dem Einseifen die Hände eintauchen kann. Wir machen es darauf aufmerksam, wie sich die Farbe des Wassers nach dem Händewaschen ändert, damit es ein Gefühl für den Schmutz bekommt. Wir hängen ein Handtuch in Reichweite des Kindes, damit es sich die Hände alleine abtrocknen kann.

Wenn es jetzt an seinen Händen riecht, kann es den Duft der Seife genießen. Wir legen feste Tageszeiten zum Händewaschen fest, damit es zur Gewohnheit wird und das Kind ganz allein daran denkt.

Alleine Zähne putzen

MATERIAL:
ZAHNBÜRSTE, ZAHNPASTA, 1 BECHER, SPIEGEL, WASSERFLASCHE UND HANDTUCH.

LERNZIELE: Ebenfalls eine wichtige Fertigkeit der Körperpflege, die das Kind lernen muss und dreimal am Tag tun sollte.

WIE: Auch in diesem Fall gehen wir mit gutem Beispiel voran, d. h. wir putzen uns mit langsamen Bewegungen die Zähne vor unserem Kind. Dann fordern wir es auf, es mit uns gemeinsam zu tun. Wir legen dem Kind die Materialien vor, füllen den Becher mit Wasser und stellen ihn zu seiner Rechten. Wir nehmen die Zahnbürste, bitten das Kind, sie in die Hand zu nehmen, die ihm am liebsten ist,

Leicht

Ab 18 Monate

Unter Aufsicht eines Erwachsenen

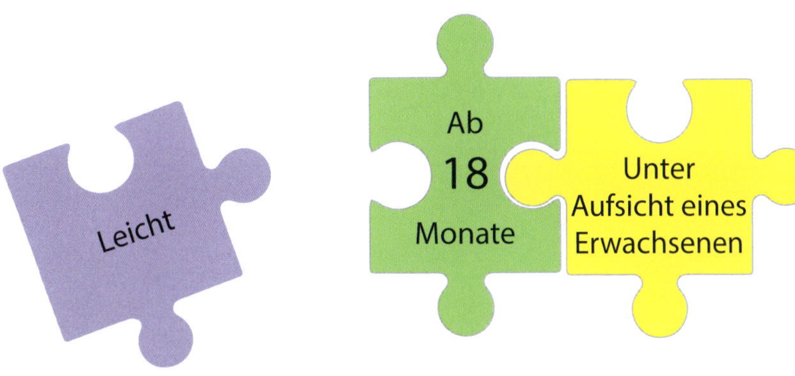

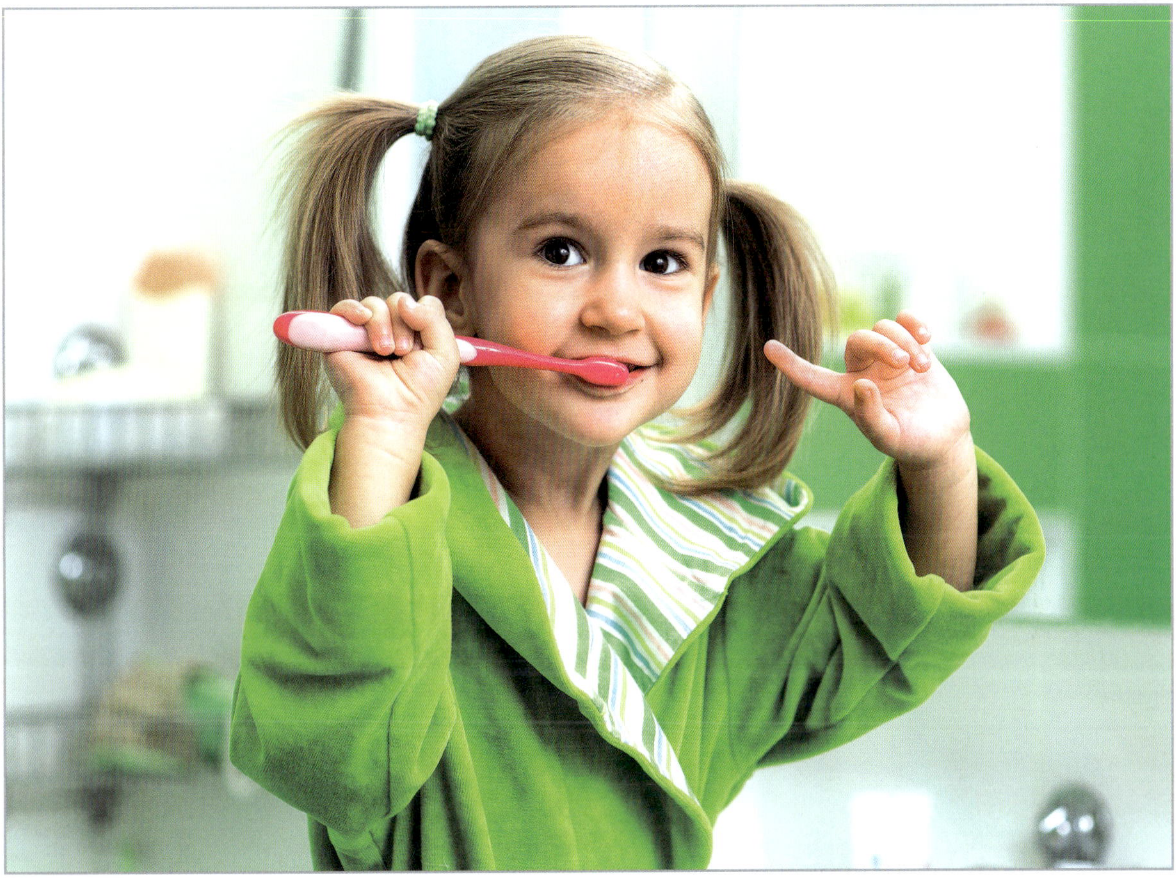

während es, zur Not mit unserer Hilfe, mit der anderen Hand ein wenig Zahnpasta drauf schmiert. Wir bereiten unsere eigene Zahnbürste vor und putzen uns parallel die Zähne. Dabei schauen wir beide in den Spiegel. Zur Festlegung der Dauer kann eine kleine Sanduhr verwendet werden. Am Ende spülen wir die Zahnbürste im Becher aus und legen sie zurück an ihren Platz. Dann spülen wir uns den Mund aus und trocknen ihn mit dem Handtuch ab. Wir erklären dem Kind, wie wichtig das Zähneputzen ist, damit die Zähne gesund bleiben. Auch hier sind feste Tageszeiten hilfreich, damit das Kind sich allein daran erinnert.

Sich alleine anziehen

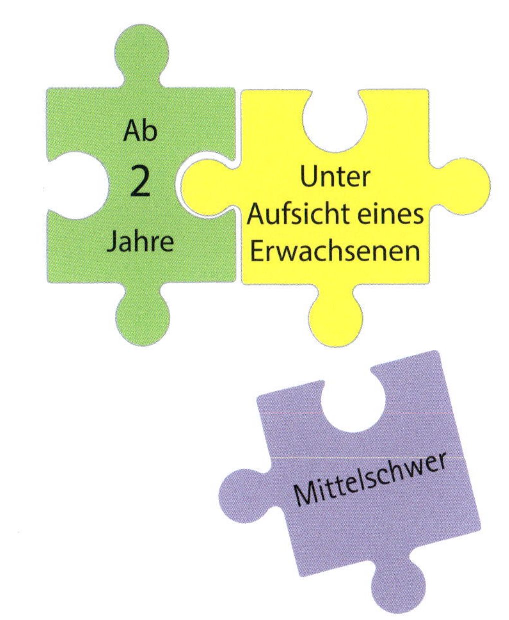

MATERIAL:
JACKE, HEMD MIT KNÖPFEN, PULLI MIT DRUCKKNÖPFEN, HOSE, SWEATSHIRT MIT REISSVERSCHLUSS, T-SHIRT.

LERNZIELE: Sich alleine anzuziehen, ist eine der größten Befriedigungen für das Kind. Erforderlich dafür sind: die Augen-Hand-Koordination, das Planen einer Abfolge von Bewegungen, Geschicklichkeit und Körperkenntnis.

WIE: Zum Anziehen verschiedener Kleidungsstücke sind mehrere Tätigkeiten notwendig. Wir beginnen damit, dem Kind, während wir es anziehen, die Möglichkeit zu geben, uns dabei zu helfen und sich auszuprobieren. Wir lassen es Reißverschlüsse und Knöpfe auf- und zumachen. Wir legen das Hemd ausgebreitet hin und lassen das Kind Knöpfe durch Knopflöcher führen und Druckknöpfe auf- und zumachen. Wir zeigen langsam, wie es geht, und erklären dabei, was wir tun. Dasselbe gilt für Reißverschlüsse. Dann erlauben wir ihm, sich selbst unterschiedliche Kleidungsstücke anzuziehen.
Pulli: Wir legen den Pulli auf einen Tisch, Vorderteil nach unten, Unterteil zum Kind gewandt. Das Kind darf mit den Armen nach oben bis zur Kopföffnung den Kopf in den Pulli stecken.

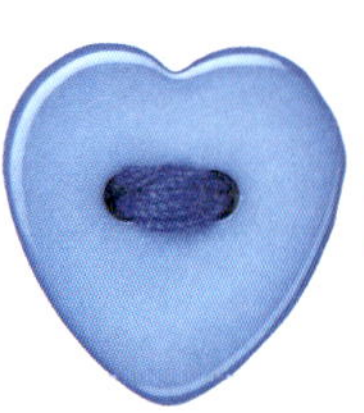

Nun wird es die Arme in die Ärmel stecken, am Ende mit dem Kopf durch die Öffnung finden. Es wird etwas Übung brauchen, dem Kind aber große Befriedigung verschaffen!

Hose: Wir legen die Hose auf den Boden und laden das Kind ein, die Füße in die beiden weit geöffneten Hosenbeine zu stellen. Jetzt braucht es sich nur zu bücken, mit beiden Händen den Bund zu fassen und die Hose hochzuziehen. Wir nehmen zunächst eine weiche Hose, die sich leicht anziehen lässt.

Jacke: Wir legen die Jacke mit dem Innern nach außen und dem Oberteil zum Kind hin. Nun soll es sich samt Kopf nach vorn beugen und die Arme in die Jackenärmel stecken. Wenn wir dann die Jacke hochheben und das Kind die Arme leicht hinter den Kopf führt, kann die Jacke über den Hals und Rücken herunterrutschen.

Wir beschreiben den Vorgang langsam Schritt für Schritt und zeigen, wie es geht.

Socken paaren

MATERIAL:

6 PAAR SOCKEN IN VERSCHIEDENEN FARBEN.

LERNZIELE: Entwicklung des visuellen Unterscheidungsvermögens und der Feinmotorik.

WIE: Wir legen die Socken durcheinander in ein Behältnis. Wir nehmen eine heraus und beschreiben ihre Farbe (z. B. »Sie ist blau«). Dann nehmen wir eine zweite und legen sie in einer Reihe neben die erste. Wir erklären, dass es darum geht, die jeweils gleichfarbigen Socken zu suchen. Immer wenn eine gleiche gefunden ist, wird sie nicht in die Reihe, sondern auf die gleichfarbige gelegt, bis am Ende 6 Sockenpaare daliegen.

Leicht

Ab 2 Jahre

Unter Aufsicht eines Erwachsenen

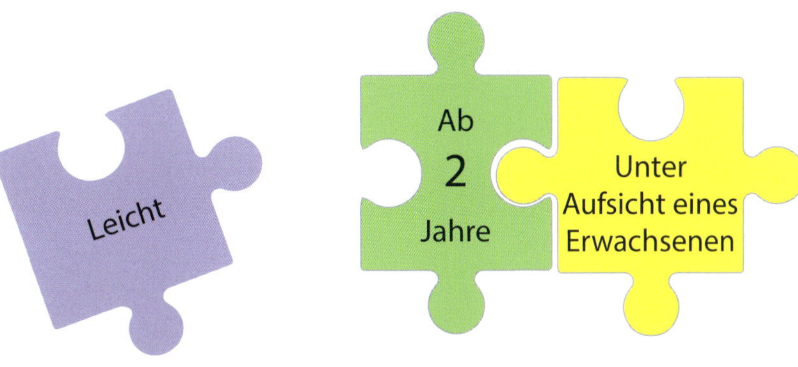

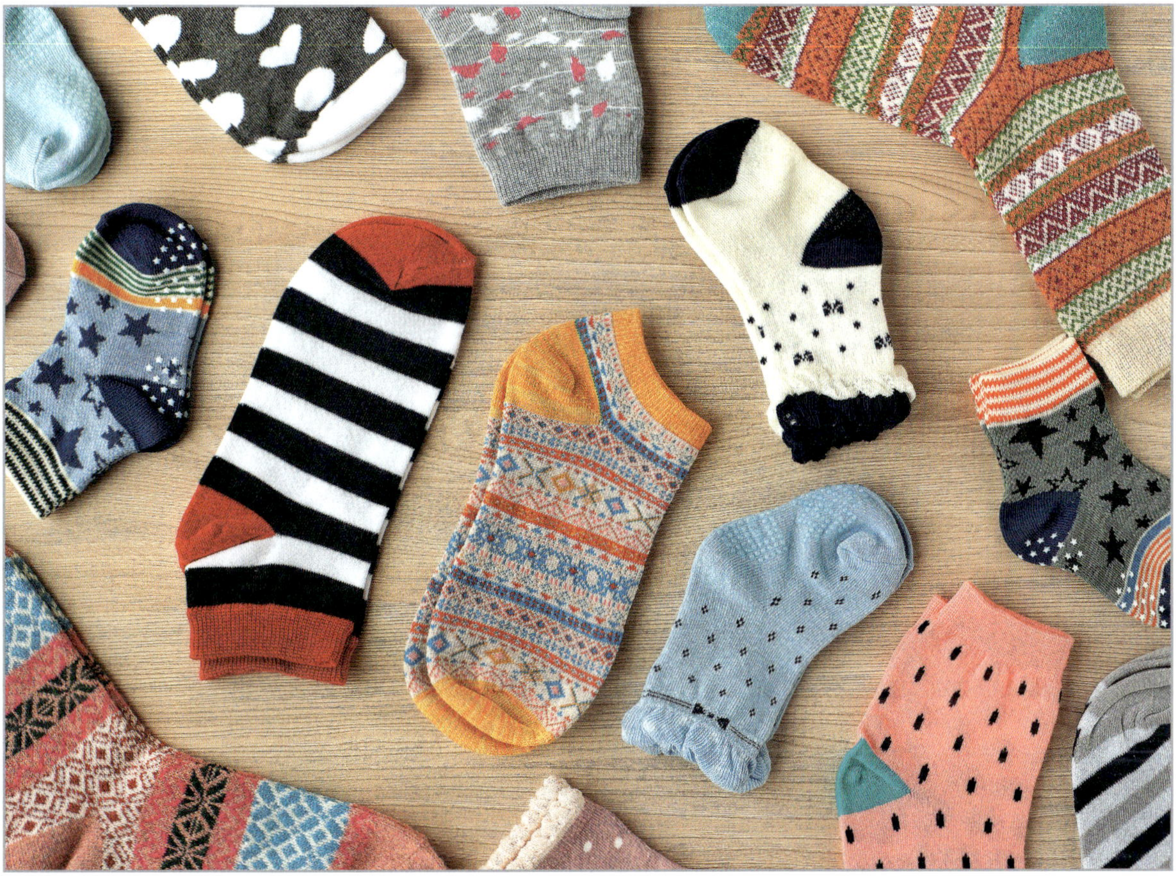

Wir lassen dem Kind die Freude, die Zwillingssocken zu finden, und präsentieren ihm als Variante auch bunt gemusterte Söckchen. **Die Kleinsten** werden sie nur in eine Reihe legen. Wenn sie uns aber dabei zusehen, wie wir sie zu Paaren zusammenlegen, werden sie es uns bald nachtun.

Ab 3 Jahren können Kinder auch lernen, Strümpfe zusammenzufalten. Zur Übung nehmen wir ein altes Paar, ziehen Linien vor und erklären dem Kind, dass es die Strümpfe genau an den Linien falten soll. Nun darf es sich selbst ausprobieren.

Socken anziehen

MATERIAL:

2 PAAR SOCKEN, EINES FÜR UNS, EINES FÜR DAS KIND.

LERNZIELE: Socken anziehen ist eine ziemlich komplexe Sache, die viel Augen-Hand-Koordination und die Fähigkeit verlangt, eine Abfolge von Bewegungen und Handlungen zu planen.

Ab 2 Jahre

Unter Aufsicht eines Erwachsenen

WIE: Wir zeigen dem Kind, wie eine Socke aufgebaut ist, den Teil für die Zehen und den für die Ferse. Wir setzen uns auf den Boden und legen unsere Socke, mit der Öffnung zu uns, vor uns hin. Wir greifen die Socke so mit den Händen, dass wir die Öffnung aufhalten können. Wir schlüpfen mit dem Fuß in die Öffnung und weiter bis ganz nach vorn. Wir ziehen die Socke hoch und sind fertig. Dabei erklären wir jede einzelne unserer langsamen, genauen Bewegungen.

Nun lassen wir das Kind probieren; es wird seinen eigenen Weg finden, um die Aufgabe zu lösen.

Schuhe zubinden

MATERIAL:
EIN HOLZRAHMEN (ODER EIN SCHUHKARTON), EIN STÜCK STOFF, EINE SCHERE, ZWEI VERSCHIEDENFARBIGE SCHNÜRSENKEL.

LERNZIELE: Präzise Augen-Hand-Koordination, genaue feinmotorische Bewegungen, Konzentration und die Planung einer Abfolge von Handlungen. Eine sehr komplexe Aufgabe, die von Kindern ab 3 Jahren zu bewältigen ist, aber auch schon vorher geübt werden kann.

WIE: Am besten beginnt man mit den sogenannten Verschlussrahmen.
Man kann sie auch selbst basteln: Es sind Holzrahmen, über die wir Stoff spannen, zu diesem Zweck mit Löchern in zwei parallelen Reihen, rechts und links. Hierdurch kann das Kind die Schnürsenkel führen und das Einfädeln, den Knoten und schließlich die Schleife üben. Oder wir nehmen einen Schuhkarton, drehen ihn um und löchern ihn in zwei Reihen, sodass die Schnürsenkel durch die Löcher passen. Ebenso gut funktionieren Eierkartons oder Klorollen. Wir nehmen zwei verschiedenfarbige Schnürsenkel, damit das Kind zwischen rechtem und linkem Schuh unterscheiden kann. Wir zeigen dem Kind, wie es die Schuhe schnürt, erklären ihm jeden Schritt und lassen es uns jeweils nachtun. Später kann es auch mit angezogenen Schuhen üben.
Den Kleinsten wird es einfach Spaß machen, die Schnürsenkel in die Löcher einzufädeln und wieder herauszuziehen.

Marmelade aufs Brot schmieren

MATERIAL:

EINE SCHEIBE BROT, EIN VORN ABGERUNDETES KLEINES MESSER, EIN TEELÖFFEL, EIN GLAS MARMELADE.

LERNZIELE: Fördert die Augen-Hand-Koordination, die Feinmotorik und die Konzentration. Um Marmelade so auf dem Brot zu verteilen, dass nichts danebengeht, sind der richtige Messerdruck und somit Ausgewogenheit und gute Koordinationsfähigkeit vonnöten.

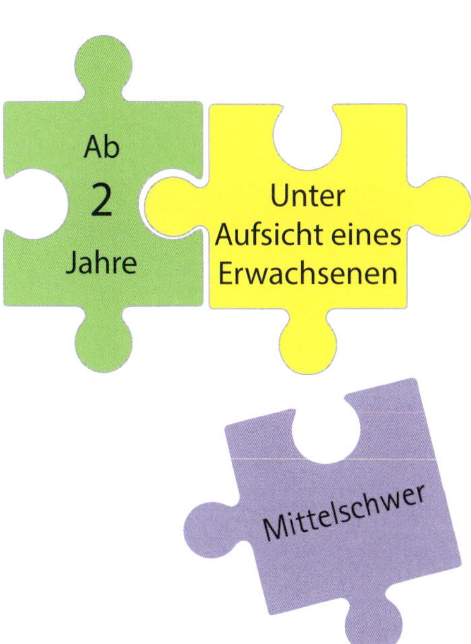

WIE: Wir platzieren der Reihe nach ein Marmeladenglas, einen Teelöffel, eine Brotscheibe, ein Messer und ein Tuch zum Wegwischen der Speisereste vor das Kind. Wir zeigen ihm, wie man die Marmelade mit dem Löffel aufnimmt und vorsichtig aufs Brot gibt, und lassen es dies dann selbst machen. Nun nehmen wir das stumpfe Messer und zeigen dem Kind, wie es die Scheibe Brot in der nicht-dominanten Hand halten und mit der anderen die Marmelade vorsichtig von links nach rechts darauf verteilen kann. Da das Kind das Brot nun essen darf, nehmen wir die Marmelade, die ihm am besten schmeckt.
Die Sequenz lässt sich mit heiklerem, weil kleinerem und bröseligerem Material wie Zwieback oder Keksen wiederholen. Hier geht es darum, dem Kind beizubringen, auf den Druck zu achten, mit dem es die Marmelade auf dem Zwieback oder Keks verteilt, und sich die Kraft gut einzuteilen.

Waschmaschine befüllen und Wäsche aufhängen

MATERIAL:
KORB MIT SCHMUTZWÄSCHE, WASCHMASCHINE, WASCHPULVER, EIN MESSBECHER, EIN LÖFFEL.

LERNZIELE: Die Teilhabe des Kindes an den Alltagstätigkeiten trägt dazu bei, sein Sicherheitsgefühl und Selbstvertrauen zu stärken und seine logische Denkfähigkeit zu trainieren. Beim Wäschewaschen lernt es etwas über den Übergang von Schmutz zu Sauberkeit und die Abfolge von Aktionen zum Erzielen eines Ergebnisses, zudem übt es beim Dosieren des Waschpulvers seine Handfertigkeit.

Ab 18 Monate

Unter Aufsicht eines Erwachsenen

Leicht

WIE: Zunächst gibt es einen Wäschekorb für das Kind und einen für die Eltern, und das Kind muss gelernt haben, seine Schmutzwäsche in den eigenen zu tun.
Dann bringen wir ihm bei, dass der Schmutz genau wie beim Händewaschen mit Seife beseitigt wird. Wir zeigen ihm den Übergang von schmutzig zu sauber: Wir malen mit einem Stift einen Fleck auf ein Stofftaschentuch und waschen ihn dann mit Kernseife aus. Wir lassen das Kind üben, den Fleck mit der Seife einzuseifen; es wird ihm Spaß machen und trainiert zugleich das Handgelenk. Nun spülen wir das Tuch in einer Wasserschüssel aus. Wir zeigen, dass der Fleck verschwunden und das Tuch sauber, das Wasser dagegen trübe ist.
Hat das Kind nun eine Vorstellung, was Wäschewaschen bedeutet, können wir uns der Waschmaschine zuwenden. Wir präsentieren sie als Maschine, die die Kleider automatisch einseift und spült und so die Flecken beseitigt.
Zusammen nehmen wir den Korb mit Schmutzwäsche und stellen ihn vor die Waschmaschine. Nun kommt ein Teil nach dem anderen in die Maschine, wir beginnen, das Kind fährt fort.
Wir nehmen den Messbecher und bitten das Kind, mit dem Löffel so viel Waschpulver hinein zu füllen, wie wir entsprechend der Wäschemenge für sinnvoll erachten.
Dann bitten wir es, das Waschmittel aus dem Becher vorsichtig und langsam in das Waschmaschinenfach umzufüllen.
Wir erklären dem Kind, dass dies Seife in Form von Pulver ist, das sich im Wasser und auf den Kleidern verteilt, sobald die Waschmaschine eingeschaltet ist.
Kindern, die älter als 2 Jahre sind, zeigen wir, in welcher Folge die Knöpfe zu drücken sind und erklären dabei die Funktion jedes Knopfes.

Wir erklären, dass wir entscheiden müssen, wie warm das Wasser sein muss, um die Kleider zu waschen. Wir lassen das Kind die Handlungsabfolge nun auswendig lernen, indem wir es daran erinnern, was es beim Waschen des Taschentuchs gemacht hatte: Es hatte es mit Seife eingeseift und ausgespült. Nun muss es also Seife in die Waschmaschine geben, die Waschtemperatur

einstellen, ebenso, wie lange die Waschmaschine die Kleider einseifen und wie lange sie spülen soll. Jetzt können wir die Waschmaschine einschalten. Wir machen auf das Maschinengeräusch aufmerksam und darauf, wie die Wäsche in der Trommel kreist. So wird der Waschvorgang leichter nachvollziehbar. Nach Beendigung bitten wir das Kind, die Wäsche aus der Waschmaschine zu nehmen und in den Wäschekorb zu legen. Es kann nun die saubere Wäsche ansehen, daran riechen und sein Gefühl für Sauberkeit stärken. Jetzt ist die Wäsche bereit zum Aufhängen. Ein kleines Kind kann einfach beim Befüllen der Waschmaschine und des Waschpulvers helfen.

Fürs Aufhängen der Wäsche muss das Kind schon gelernt haben, wie man Wäscheklammern aufdrückt und zugehen lässt. Wir lassen es daher zuerst üben, Wäscheklammern an den Rand eines Korbs zu klemmen. Wir zeigen, wie man die Klammer zwischen die Finger nimmt und mit leichtem Druck öffnet.

Sobald das Kind hierin geübt ist, erlauben wir ihm, einfache Wäschestücke aufzuhängen. Wir spannen auf Kindeshöhe eine Leine zwischen zwei Stühle und geben ihm Taschen- und Geschirrtücher, Lätzchen, Unterhosen und Socken zum Aufhängen. Zuerst zeigen wir ihm, wie es geht: Wir legen eine Socke über die Leine und halten sie mit einer Hand, während wir mit der dominanten eine Wäscheklammer nehmen, sie aufdrücken und über der Socke und der Leine wieder schließen. Dabei erklären wir jeden Schritt, den wir tun. Jetzt lassen wir das Kind nach Belieben probieren, bis es seine Handlungen koordinieren kann und präzise Bewegungen zustande bringt.

Buntstifte spitzen

MATERIAL:
2 ANSPITZER,
2 UNGESPITZTE BUNTSTIFTE,
2 BLATT PAPIER.

LERNZIELE: Eine sehr einfache Tätigkeit, die wenig Zeit kostet, zugleich aber viel Feinmotorik und Augen-Hand-Koordination erfordert.

WIE: Wir legen die Anspitzer links und die Stifte rechts vor das Kind auf das Papier.
Wir erklären ihm, was wir vorhaben und dass der Anspitzer vorsichtig genutzt werden muss, weil er eine Klinge hat und zum Schneiden dient. Zuerst zeigen wir mit langsamen Bewegungen, wie man den Stift anspitzt, und beschreiben sie zugleich.
Dann lassen wir das Kind parallel zu uns nachmachen, was wir tun. Wir lassen es den Anspitzer fest in einer Hand halten und mit der dominanten Hand den Stift in die Öffnung führen.
Wir erklären dem Kind, wie man mit leichtem Druck den Stift zum Anspitzen in entgegengesetzter Richtung zur Klinge des Anspitzers dreht.
Es wird, sobald die ersten Späne herausfallen, schnell begreifen, dass sein Vorgehen richtig war und weitermachen. Dreht der Stift dagegen leer, wird es verstehen, dass es etwas falsch macht.
Schließlich ziehen wir den Stift aus dem Anspitzer, schütteln ihn und sehen die restlichen Späne aufs Papier fallen. So stellt das Kind fest, dass der Stift jetzt eine Spitze hat. Den Vorgang können wir mit verschiedenen Buntstiften wiederholen.

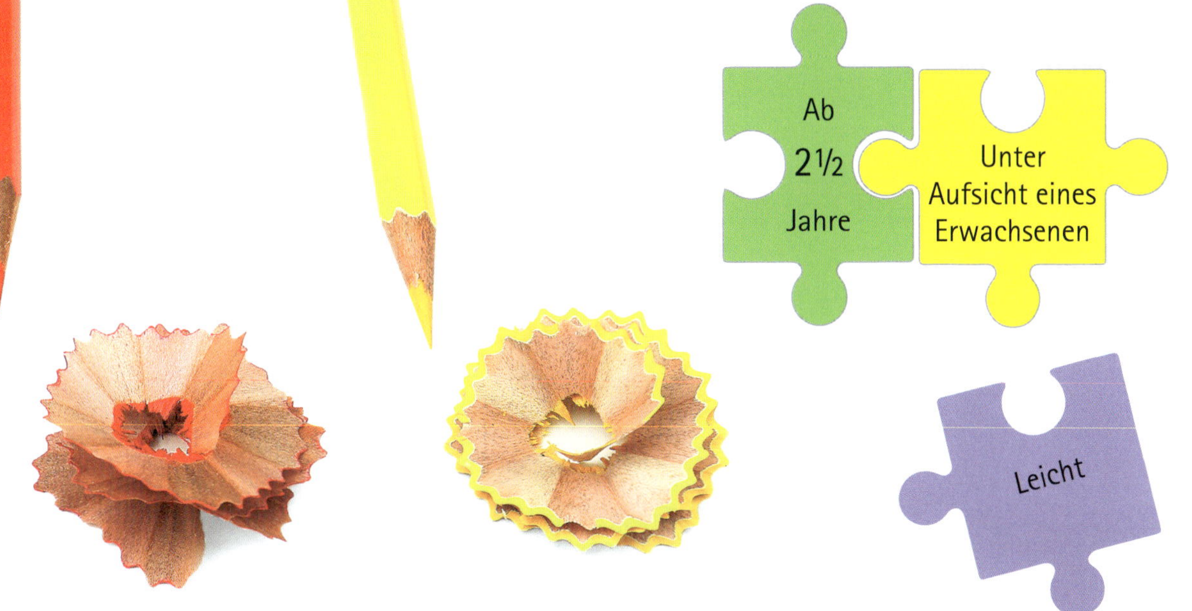
Ab
2½
Jahre
Unter
Aufsicht eines
Erwachsenen
Leicht

Salat waschen

MATERIAL:
SALATKOPF, TELLER, SIEB, BEUTEL,
SALATSCHLEUDER, SALATSCHÜSSEL.

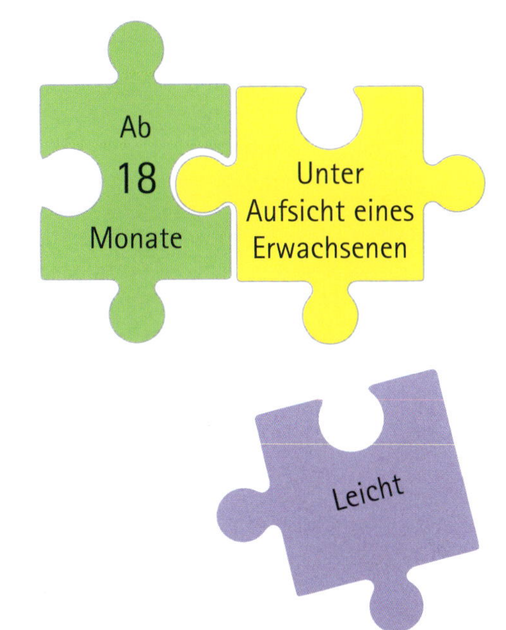

LERNZIELE: Auch hier wird das Kind am Alltagsleben beteiligt. Entwicklung der Feinmotorik und der Planung einer Abfolge von Handlungen.

WIE: Diese Aufgabe kann das Kind, sobald wir sie ihm gezeigt haben, auch leicht alleine ausführen. Wir nehmen den Salat und legen ihn auf einen Teller. Rechts daneben kommen der Beutel und das Sieb. Noch weiter rechts stellen wir die Schleuder und die Salatschüssel hin. Wir zeigen dem Kind, wie es die äußeren Blätter abreißen kann, indem es in der einen Hand den Salat, in der anderen das Blatt hält. Die nicht zum Essen geeigneten äußeren Blätter tun wir in den Beutel. Die anderen kommen ins Sieb. Nun kann das Kind weitermachen. Sind alle Blätter vom Strunk gelöst, waschen wir sie unter laufendem Wasser und zeigen dem Kind, wie man sorgfältig alle Erdreste abspült. Wir lassen das Kind selbst weitermachen. Nun geben wir die Blätter in die Salatschleuder und zeigen dem Kind, wie man sie bedient. Es wird ihm Spaß machen, sie selbstständig in Bewegung zu bringen. Wir zeigen dem Kind, wie viel Wasser durch das Drehen des Griffs aus dem Salat gekommen ist, und füllen den Salat in die Salatschüssel um.

Erbsen enthülsen und grüne Bohnen putzen

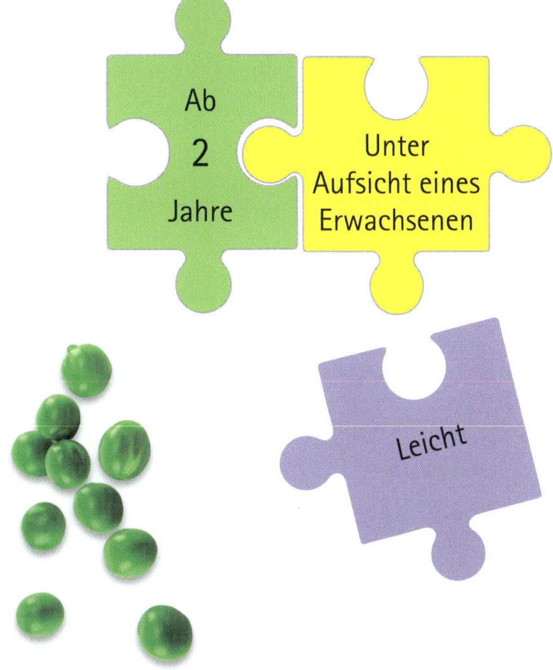

MATERIAL:
EIN TELLER MIT ERBSENSCHOTEN, EIN TELLER MIT ROHEN GRÜNEN BOHNEN, EINE TASSE, SIEB, EVENTUELL EINE SCHERE.

LERNZIELE: Eine sehr nützliche Arbeit, denn sie trainiert die Feinmotorik und die Augen-Hand-Koordination.

WIE: Für **die Erbsen**: Wir stellen ein Tablett mit einem Teller Erbsen und daneben einer Tasse vor das Kind. Wir nehmen eine Schote und zeigen, wie man sie aufmacht, indem man ihre Fäden abzieht, dann die Erbsen enthülst und eine nach der anderen in die Tasse fallen lässt. Die Hülsen bleiben auf dem Teller liegen und werden nach Ende der Arbeit weggeworfen oder für ein anderes Rezept aufgehoben.
Für **die Bohnen**: Wir stellen ein Tablett mit einem Teller Bohnen vor das Kind, dazu eine Tasse und ein Sieb. Wir nehmen eine Bohne und zeigen dem Kind, wie man die Enden abtrennt. Diese kommen in die Tasse, die Bohnen dagegen ins Sieb. Wir bitten das Kind, es uns nachzutun. Wir lassen zu, dass es ungenau arbeitet und nicht alle Bohnen ordentlich putzt. Wichtig ist, dass es übt zu greifen, die Bohne also zwischen Daumen und Zeigefinger zu nehmen und Kraft anzuwenden, um die zu entfernenden Enden abzubrechen. Wir können die Arbeit auch mit einer kleinen Schere wiederholen, damit das Kind deren Gebrauch üben kann.
Am Ende darf das Kind die Bohnen unterm Wasserhahn abspülen und sie in einen Topf geben. Es wird glücklich sein, Gemüse zu essen, das es eigenhändig geputzt hat!

Obst schneiden

MATERIAL:

EINE BANANE, EIN STUMPFES MESSER, EIN SCHNEIDBRETT, EINE BIRNE, EIN APFEL, EINE ZITRONE, EIN MESSER MIT SPITZE.

LERNZIELE: Übung für die Handfertigkeit und die Kontrolle der Handbewegungen. Training der Augen-Hand-Koordination.

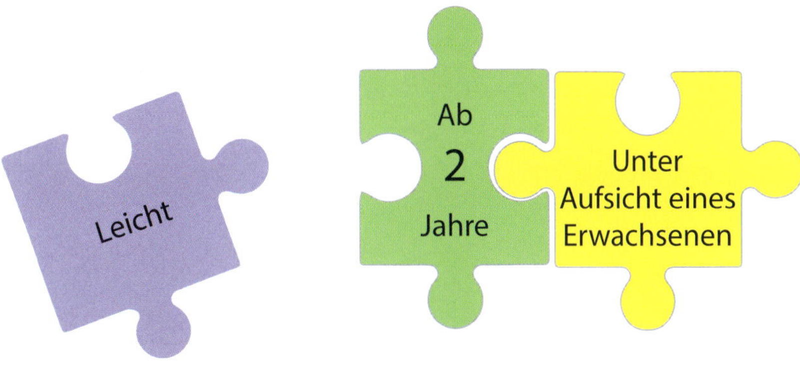

WIE: Wir beginnen mit stumpfen Messern, z. B. Käse- oder Buttermessern, die für Kinder ungefährlich sind. Zunächst beschreiben wir dem Kind, wie Messer beschaffen sind, damit es lernt, dass es sich um einen vorsichtig zu handhabenden, gefährlichen Gegenstand handelt.

Wir legen dem Kind auf einem Schneidbrett eine weiche Frucht vor – idealerweise eine Banane. Daneben legen wir das Messer.

Wir zeigen dem Kind, wie es das Messer fassen und es in die Banane drücken muss, damit eine runde Scheibe entsteht. Wir lassen es die Banane zu Ende schneiden.

Größeren Kindern können wir auch anderes Obst mit festerer Konsistenz hinstellen: Birne, Zitrone, Apfel. Hierfür benötigen wir ein schärferes Messer. Auch hier zeigen wir zuerst, wie zu schneiden ist, bevor das Kind es selber tut. Mit ein wenig Übung wird es lernen, die Handbewegungen gut zu koordinieren.

Ist es mit dieser Übung vertraut, können wir ihm weiteres Küchenwerkzeug anbieten, z. B. einen Apfelstecher. Zusammen können wir einen Obstsalat vorbereiten; nach der eigenen Zubereitung wird das Kind ihn befriedigt essen.

Zwiebeln schälen und schneiden

MATERIAL:
3 SCHÄLCHEN, EINES MIT EINER ZWIEBEL, EINES MIT EINER KNOBLAUCHKNOLLE UND EIN LEERES, EIN MESSER UND EIN BRETTCHEN.

LERNZIELE: Die Haut von Zwiebel und Knoblauch ist so dünn, dass sie sehr präzise entfernt werden muss. Daher ist dies eine hervorragende Übung für die Feinmotorik und Augen-Hand-Koordination.

WIE: Wir stellen das Material vor das Kind, links die Schälchen und rechts das Brettchen als Arbeitsfläche. Wir zeigen ihm, wie man die Zwiebel hält, sie anschneidet und dann, wie man die ganze Haut abzieht, bis auch der letzte Rest beseitigt ist.

Ab 2 Jahre

Unter Aufsicht eines Erwachsenen

Dann nehmen wir die Knoblauchknolle, zeigen, wie man den Strunk abschneidet und die Zehen heraustrennt. Nun lassen wir das Kind die Haut von den Knoblauchzehen entfernen.

Größere Kinder können nun die Zwiebel und die Knoblauchzehen, die sie selbst geputzt haben, auch kleinschneiden. Am Ende fordern wir das Kind auf, sich die Hände zu waschen.

Eier öffnen und schlagen

MATERIAL:

EINE SCHÜSSEL MIT 3 EIERN, EINE LEERE SCHÜSSEL UND EINE SCHÜSSEL MIT HOHEM RAND, EIN SCHWAMM ZUM AUFWISCHEN DER EIRESTE UND EIN SCHNEEBESEN ODER EINE GABEL.

Unter Aufsicht eines Erwachsenen

LERNZIELE: Eine recht komplexe Tätigkeit und gute Übung für die Handbeweglichkeit, die Augen-Hand-Koordination, Sorgfalt und Kontrolle des Krafteinsatzes erfordert.
Solche Arbeiten im Haushalt sind ebenso wichtig wie das Schreibenlernen und die Verwendung des Stifts.

WIE: Wir präsentieren dem Kind das Material, nach Verwendungsabfolge von links nach rechts auf einem Tablett angeordnet. Wir müssen dem Kind vermitteln, wie empfindlich und zerbrechlich Eier sind und wie leicht sie kaputtgehen können. Das Kind muss daher die Kraft, die es bei seinen Handbewegungen einsetzt, gut bemessen und die Eier sorgfältig handhaben. Wir nehmen das erste Ei und die große Schüssel und zeigen dem Kind, wie wir es am Rand vorsichtig anschlagen. Wir betrachten gemeinsam, wie sich auf der Eierschale Risse zeigen. Wenn das Eiweiß auszutreten beginnt, öffnen wir die Schale ganz und schütten den Inhalt in die Schüssel.
Dann geben wir die Eierschale in die leere Schüssel. Wir bitten das Kind, es uns mit den verbleibenden Eiern nachzutun. Sind alle Eier in der großen Schüssel, können wir sie mit dem Schneebesen schlagen. Wir zeigen, wie wir die Schüssel schräg halten und mit dem Schneebesen (oder der Gabel) in einer Richtung kreisende Bewegungen mit dem Handgelenk machen. Dadurch entwickelt sich die Rotationsfähigkeit des Handgelenks sehr gut.
Das Kind darf gerne Fehler machen, scheitern und es mehrmals probieren.

Plätzchen backen

MATERIAL:

250 G MEHL, 125 G BUTTER, 100 G ROHRZUCKER, 1 EI UND EINE PRISE SALZ, AUSSTECHFORMEN FÜR PLÄTZCHEN, EIN GLAS, NUDELHOLZ, EIN BLECH MIT BACKPAPIER, EIN LAPPEN UND EINE KÜCHENSCHÜRZE.

LERNZIELE: Eine komplexe Tätigkeit, die verschiedene Fertigkeiten trainiert, etwa die Feinmotorik und das Planen von Handlungen zum Erreichen eines Ziels.

Ab 2 Jahre

Unter Aufsicht eines Erwachsenen

Mittelschwer

WIE: Es gibt unendlich viele Rezepte. Hier ein ganz einfaches und schnelles. Wir benötigen einen großen Tisch, an dem das Kind an unserer Seite arbeiten kann.
Wir stellen die schon abgewogenen Zutaten in der Reihenfolge ihrer Verwendung auf den Tisch. Wir nehmen zusammen mit dem Kind das Mehl und schütten es gemeinsam auf den Tisch (oder in eine große Schüssel). Nun lassen wir das Kind eine Zutat nach der anderen dazugeben. Am Ende darf es das Ei aufschlagen und ganz hinzufügen. Wir zeigen, wie man den Teig mit energischen Bewegungen knetet. Dann darf das Kind seinen Spaß haben und den Mürbeteig mit seinen Händen kneten. Schließlich formen wir eine Kugel daraus und lassen sie etwa eine Stunde unter einem Tuch ruhen. In der Zwischenzeit waschen wir uns die Hände und räumen gemeinsam die Arbeitsfläche auf.
Nach Ablauf der Stunde rollen wir den Teig mit dem Nudelholz aus. Auch dies kann das Kind selbst machen. Wir nehmen Ausstecher oder ein Glas und lassen das Kind lauter Formen in den Teig stechen. Wir legen alle Plätzchen auf das Blech und lassen sie bei 180°C 15 bis 20 Minuten backen. Danach lassen wir sie abkühlen und dekorieren sie nach Belieben.
Auch mit Kleinkindern ab 18 Monaten **ist diese Arbeit machbar**. Sie können zum Beispiel, je nach Alter, das Mehl auf dem Tisch verteilen, die Schalen mit den Zutaten reichen oder die Förmchen in den ausgerollten Teig stechen.

Den Tisch decken

MATERIAL:

TELLER, GLÄSER, BESTECK, EIN WEISSES DIN-A3-BLATT, EIN FILZSTIFT.

LERNZIELE: Erlernen einer komplexen Handlungsabfolge, Entwicklung der Unterscheidung von Rechts und Links, Erweiterung des Wortschatzes, Übung des Gedächtnisses und der Augenbewegung.

WIE: Fürs Tischdecken muss das Kind vorab gelernt haben, wie das Geschirr heißt, mit dem gegessen wird: Teller, Messer und Gabel, Glas.
Zuerst malen wir in die Mitte eines DIN-A3-Papiers den Umriss eines Tellers, eine Gabel links, ein Messer rechts und ein Glas darüber.
Wir legen das Blatt Papier auf den Tisch, davor das Besteck und den Teller. Wir nehmen den Teller, zeigen dem Kind seine Form, indem wir den Rand mit den Fingern umkreisen, dann den Umriss auf dem Papier berühren und es darauf hinweisen, dass es dieselbe ist.
Dann stellen wir den Teller auf die Zeichnung und lassen das Kind dasselbe mit dem Besteck tun. Dabei muss es die Form des echten Gegenstands mit der des gezeichneten vergleichen.
Nun bitten wir es noch, den Namen des Bestecks, das es auf die Zeichnung legt, zu nennen, um auch den Wortschatz zu stärken. Wir können auch noch weiteres Geschirr aufmalen, wie einen Löffel für den Nachtisch.

Dann bitten wir das Kind, den Tisch zu decken, während die Zeichnung als Modell danebenliegt.
Mit den Kleinsten arbeiten wir zunächst am Erkennen des Bestecks, dann schauen sie dabei zu, wie wir es auf den vorgezeichneten Umriss auf dem Papier legen.

AKTIVITÄTEN IM FREIEN

Die Natur entdecken

MATERIAL:
MATERIAL ZUM GRABEN, LUPE, HEFT, STIFT UND FOTOAPPARAT.

LERNZIELE: Der Kontakt mit der Natur ist eine 360-Grad-Sinneserfahrung, weil die Natur Gelegenheiten nicht nur für auditive, taktile, visuelle und geruchliche Anregungen zugleich bietet, sondern auch dafür, mit feinen und groben Bewegungen zu experimentieren. Das Kind lernt Ordnung, Stille, Geduld wertzuschätzen, den Respekt für andere Lebewesen, das Vergehen der Zeit und dass sich alles wandelt.

WIE: In der Natur sind unterschiedliche Aktivitäten möglich, hier einige Vorschläge. Wir nehmen uns die Zeit, um in einem Park oder auf einer Allee spazieren zu gehen, einen (Gemüse-)Garten zu erkunden oder Bauernhof zu besuchen.

Wir widmen uns in Ruhe der Erkundung des Umfelds und erlauben dem Kind, den Duft der Blumen und Pflanzen, des feuchten Grases, des Schlamms direkt zu erfahren; still zu sein, um die Insekten, den Regen, das Rauschen der Blätter im Wind zu hören; die Beschaffenheit der Blätter, Baumstämme, Erde zu erkunden und die Waldbeeren, einen frisch gepflückten Apfel oder frisch gemolkene Milch zu kosten.
Je nach Jahreszeit kann man in einen nahe gelegenen Park oder Wald gehen, um Eicheln, Stöcke, Steine und Tannenzapfen zu sammeln.

Man kann nach bestimmten Kriterien Naturelemente suchen gehen (z. B. alles in einer bestimmten Farbe oder Form), die Beschaffenheit einer Blume betrachten, verschieden geformte Blätter oder Steine in unterschiedlichen Farben und Größen sammeln. Auch gibt es viele Bewegungsmöglichkeiten im Freien: auf Felsen klettern, auf Steinen balancieren, sich an Äste hängen, in Pfützen springen, Fangen spielen, sich auf dem Gras oder im Sand rollen. Auch an Tagen ohne Sonne können wir hinausgehen, um das Kind jedes Wetter erfahren zu lassen – Hauptsache, die Kleidung stimmt. Wir können ihm auch eine Lupe geben, damit es eine Blattaderung, die Arbeit der Ameisen oder die Erde genau betrachten kann. Oder einen Fotoapparat zum Festhalten dessen, was es findet, oder ein Heft zum Zeichnen interessanter Gegenstände.

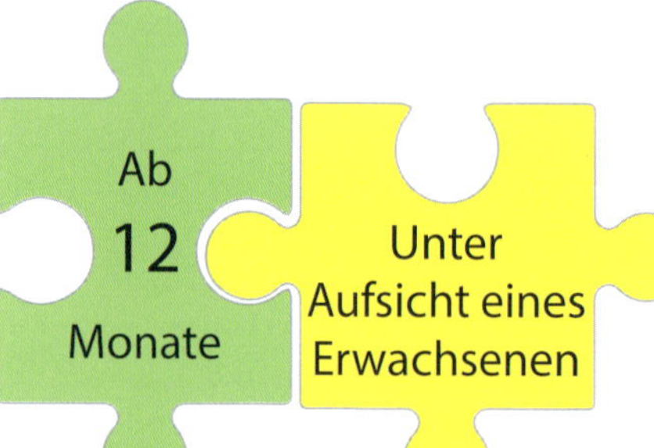

Leicht

MATERIAL:
TUCH ZUM FÜSSE ABWISCHEN.

LERNZIELE: Anregung der Sinnesentwicklung des Kindes.

WIE: Wir erlauben dem Kind, im Kontakt mit der Natur neue Sinneserfahrungen zu machen. Wir wählen ein für uns bequemes Umfeld, etwa eine Wiese im Garten, einen Strand oder einen Kiesweg. Wir ziehen dem Kind die Schuhe aus und lassen es mit nackten Füßen herumlaufen. Wir streicheln ihm die Füße mit einem Grashalm und mit einem Stein und fragen, wie sich beides anfühlt.

Es darf sich schmutzig machen, auf unangenehmem Boden auf Zehenspitzen gehen, im weichen Gras den ganzen Fuß aufsetzen.

Wir bereiten ihm einen Sinnespfad aus unterschiedlichen Elementen: hart, rau, weich, kalt oder warm. Wir bitten das Kind zu beschreiben, wie sich seine Füße anfühlen, damit es lernt, auf seine Empfindungen zu achten.

Mit nackten Füßen unterwegs

Erste Kontakte mit Tieren im Freien

LERNZIELE: Es ist wichtig, dass Kinder von früh an Tiere zu schätzen lernen. Beim Annähern an Tiere lernen sie Respekt, langsame Bewegungen, leise zu sein und den Abstand zu wahren, den ein Tier braucht. Und sie erweitern, wenn sie die Namen und Körperteile der Tiere lernen, ihren Wortschatz.

WIE: Gelegenheiten ergeben sich, oder wir führen sie eigens herbei. Wir können den Tieren Beachtung schenken, die in unserer Umgebung leben: dem Spatz im Baum, der Taube auf einer Bank, der Katze auf der Mauer, dem Hund mit seinem Herrchen, dem Fisch im Teich usw. Wir lassen das Kind die Tiere beobachten und bringen ihm bei, wann es leise sein und sich langsam bewegen sollte, um ein Tier nicht zu verschrecken. Wir lehren es, dass es akzeptieren muss, wenn das Tier nicht möchte, dass man ihm zu

MATERIAL:
BILDERBÜCHER ÜBER TIERE ODER TIERFOTOS, FOTOAPPARAT.

Leicht

Ab 12 Monate

Unter Aufsicht eines Erwachsenen

nahe kommt. Wir können den Tauben auf dem Platz oder den Fischen im Teich Futter geben. Wir können einen Bauernhof besuchen und die Tiere, die das Kind schon mit uns in Büchern angeschaut hat, live sehen. Wir können einen Ausflug ins Feld oder den Wald machen und nach den dort lebenden Tieren Ausschau halten.

Mit größeren Kindern können wir die Tiere fotografieren und dann zu Hause nach Informationen darüber suchen, was sie fressen und wie sie leben. Wenn man ein Haustier hat, kann das Kind aktiv in dessen Fürsorge miteinbezogen werden. Von klein auf zu lernen, wie man sich um ein anderes Lebewesen kümmert, fördert den Respekt und das Mitgefühl.

Ameisen suchen

MATERIAL:

EINE LUPE.

LERNZIELE: Anregung der Beobachtungskraft, der selektiven Aufmerksamkeit und Konzentration. Lernen von Abwarten, Geduld, Stille und Respekt für andere Lebewesen.

WIE: Ameisen sind Tiere, die sich leicht im Freien beobachten lassen. Wir wählen eine Ecke in einem Hof oder Garten, um nach den kleinen Tieren Ausschau zu halten. Wir gehen ins Freie und geben dem Kind die Aufgabe, Ameisen zu suchen und sie zu beobachten. Als erstes können wir ihm zu Hause ein paar Fotos von Ameisen zeigen und erzählen, was sie essen und wie sie leben, damit

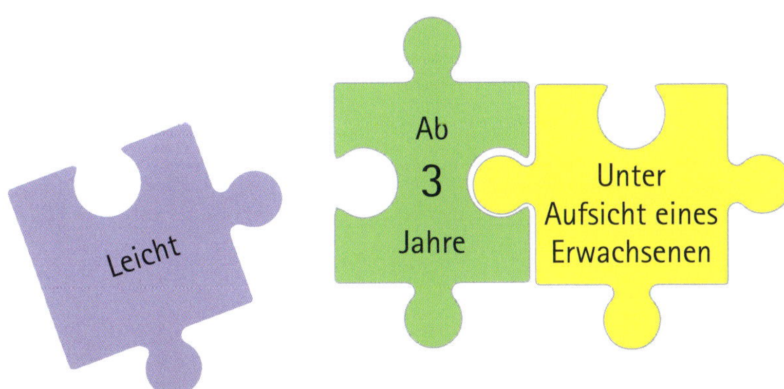

es sie bewusster suchen und bei ihrer fleißigen Arbeit still beobachten kann. **Bei den Kleinsten** ist es sinnvoll, laut zu beschreiben, was sie sehen. Wir können ein Stückchen Brot in die Nähe der Ameisen legen und ihre Reaktion beobachten. Wir bringen dem Kind bei, die kleinen, schutzlosen Tiere zu respektieren, ihr Treiben nicht zu behindern, sie interessiert zu betrachten und zu bewundern, wie perfekt sie zusammenarbeiten.

Ein vierblättriges Kleeblatt suchen

MATERIAL:

EIN VIERBLÄTTRIGES KLEEBLATT AUS PAPIER, EINE LUPE.

Ab 3 Jahre

Unter Aufsicht eines Erwachsenen

LERNZIELE: Wegen der Seltenheit dieser Kleeblätter kann man mit der Suche wunderbar Geduld, Ausdauer und die Fähigkeit abzuwarten fördern. Außerdem Anregung der selektiven Aufmerksamkeit, Beobachtungskraft und Konzentration sowie Training des visuellen Unterscheidungsvermögens.

WIE: Zunächst drucken wir ein Foto von einem vierblättrigen Kleeblatt aus, damit das Kind sieht, wie es aufgebaut ist, die Zahl der Blätter zählen kann und weiß, was es draußen suchen muss. Wir gehen mit ihm und dem Foto auf eine Wiese, um zwischen all den dreiblättrigen Kleeblättern nach dem Ebenbild des Fotos zu suchen. Wenn es das möchte, können wir dem Kind auch eine Lupe geben. Das verleiht der Suche mehr Nachdruck. Wir warnen gleich vor, dass die Suche schwierig und daher auch ein bisschen Glück nötig sein wird. Wir vermitteln, wie wichtig es trotzdem ist zu suchen und wie befriedigend ein Ergebnis gerade dann sein kann. Hier besteht die Elternaufgabe darin, das Kind zu unterstützen, denn es wird, wenn es nicht gleich fündig wird, schnell ermüden und aufgeben wollen. Wir akzeptieren, wenn es sich der Suche zu anderen Zeiten und an anderen Orten widmet. Hauptsache, wir ermutigen es, nicht aufzugeben, ausdauernd zu sein und weiterzusuchen, auch wenn ein vierblättriges Kleeblatt schwer zu finden ist. Bei dieser Aktivität kann das Kind emotional begreifen, dass Warten und Geduld nützliche Eigenschaften sind, wenn man Ziele erreichen will. Denn früher oder später wird das vierblättrige Kleeblatt da sein. Dann trocknen wir es und hängen es, zur Erinnerung an diesen Erfolg, in einem Bilderrahmen an die Wand.

Nach der Natur malen

Leicht

Ab 2 Jahre

Unter Aufsicht eines Erwachsenen

MATERIAL:
EIN HEFT UND ZEICHENPAPIER, BLEISTIFT, RADIERGUMMI, ANSPITZER, BUNTSTIFTE, FILZSTIFTE, KREIDE, WASSERFARBEN UND 2 PINSEL.

LERNZIELE: Im Freien zu malen ermöglicht es dem Kind, die Wirklichkeit, die es abmalt, direkt zu erfahren und nicht nur über einen Bildschirm oder auf einer Buchseite zu sehen. Draußen kann es den Gegenstand berühren, seine Details betrachten und seine Größe einordnen. Es entwickelt seine Beobachtungsgabe, eine scharfe, ausdauernde Aufmerksamkeit, trainiert seine Zeichenfähigkeit und perfektioniert sein Wissen über die Dinge.

WIE: Wir wählen ein für das Kind interessantes Ziel (einen Park oder Garten, eine Straße) und schlagen ihm vor, sich etwas auszusuchen, das es gern malen möchte. Zum Beispiel eine Blume, deren Einzelteile, Farbnuancen und Größe es zunächst genau betrachtet. An Material kann das Kind nutzen, was ihm gefällt: Kreide, Bunt- oder Filzstifte … Wir lassen ihm die Zeit, die es braucht, es geht nicht um Präzision oder Perfektion. Was zählt, ist die Fähigkeit, zu beobachten, Details hervorzuheben und die Geduld, bei der Sache zu bleiben. **Bei den Kleinsten** geht es darum, sie mit den Farben und der Natur vertraut zu machen. Wir geben ihnen einen Pinsel und lassen sie mit Wasserfarben Steine oder Blätter bemalen und mit diesen dann ein Blatt Papier bestempeln.

Gartenarbeit im Freien

Leicht

Ab 2 Jahre

Unter Aufsicht eines Erwachsenen

MATERIAL:
EIN PAAR GARTENHANDSCHUHE,
EINE HARKE, ERDE, EIN TOPF, GIESSKANNE,
HANDSCHAUFEL.

LERNZIELE: Stärkt die motorischen Fähigkeiten, die Genauigkeit und Achtsamkeit in den Bewegungen und die Konzentration; entwickelt Respekt für die Umwelt.

WIE: Kinder können, je nach Jahreszeit, die verschiedensten Gartenarbeiten im Freien ausführen. Im Herbst können sie z. B. die Blätter aufsammeln. Dazu geben wir ihnen eine Harke und einen Sack, in den die Blätter kommen. Wir bringen ihnen bei, wie die Blätter aufzusammeln sind und wenn der Sack voll ist, kommt er in den Müll.

Weitere Gartenarbeiten können sein, eine Pflanze umzutopfen oder in die Erde hineinzugreifen, um zu spüren, wie feucht sie ist und wie tief Wurzeln sein können. Oder das Kind schneidet mit einer Schere mit abgerundeter Spitze die trockenen Blätter von einer Pflanze. Wir können ihm Erde, einen Topf und Samen zum Säen zur Verfügung stellen. Oder wir gehen in den Garten und geben ihm eine Gießkanne, damit es den Pflanzen zu trinken gibt.

Wir zeigen ihm, wie es das Wasser dosieren, wie es gießen und die Gießkanne neu auffüllen kann.

Und schließlich können wir uns beim Rasenmähen helfen lassen, indem wir gemeinsam das gerade gemähte Gras zusammenharken und uns beim Wegwerfen helfen lassen. All das ist im eigenen Garten und teilweise auch in einem öffentlichen Park machbar.

Ein »Naturbild« schaffen

MATERIAL:

3 EIERKARTONS, UNTERSCHIEDLICHE ELEMENTE AUS DER NATUR, KLEBER.

Ab
2
Jahre

Unter
Aufsicht eines
Erwachsenen

LERNZIELE: Fördert die Neugier des Kindes und die Beobachtung von Details, spornt es an, Informationen über die Elemente zu sammeln, die es findet, und erweitert dank Einführung technischer und neuer Begriffe seinen Wortschatz.

WIE: Wir kleben die Eierkartons an der jeweils langen Seite aneinander, sodass sie eine einheitliche Fläche bilden. Sie sind nach Belieben von vorn oder von hinten verwendbar. Wir können ganz unterschiedliche Bilder herstellen. Wollen wir ein bestimmtes Thema abbilden (z. B. die Natur eines bestimmten Ortes, einer Jahreszeit oder Naturelemente einer bestimmten Farbe) oder wollen wir ganz Verschiedenes versammeln? Wir können bei jedem Spaziergang interessante Elemente sammeln: Blätter, Zapfen, Steine, Kiesel, Gras, Blumen, Waldbeeren usw. Wollen wir etwa ein Naturbild vom Herbst herstellen, können wir verschieden farbige und geformte trockene Blätter, Kastanien, Wiesenblumen, Kräuterzweige und Obstkerne sammeln. Wir können Dinge von zu Hause oder aus dem Freien nehmen. Bei jedem Element sagen wir dem Kind mehrmals, was es ist und wie es heißt. Wir machen es auf die Farben, den Duft und darauf aufmerksam, wie es sich anfühlt. Ist das Werk fertig, bitten wir das Kind, uns zu erzählen, was auf dem Naturbild zu sehen ist. So wiederholt es die Namen und Informationen, die wir ihm nach und nach übermittelt haben.

Von den Kleinsten können wir uns beim Sammeln und Im-Bild-Verteilen helfen lassen; dabei nimmt es die einzelnen Eigenschaften sinnlich wahr.

Ein Vogelhaus bauen

MATERIAL:

GEKAUFTES VOGELHAUS AUS HOLZ, PINSEL, FARBE.
GEGEBENENFALLS HOLZBRETTER, NÄGEL UND HAMMER
ZUM SELBST BAUEN.

Ab 3 Jahre

Unter Aufsicht eines Erwachsenen

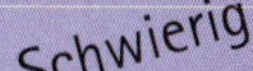

LERNZIELE: Eine komplexe Tätigkeit, bei der die Erwachsenen helfen müssen. Zugleich eine großartige Übung für die Geschicklichkeit und Konzentration sowie das Planen einer Reihe von Arbeiten zum Erreichen eines Ergebnisses.

WIE: Eine gute Methode, um Vögel im Garten oder auf der Terrasse anzulocken ist, ihnen ein Vogelhaus zu bauen. Das Kind kann sich darum kümmern, das Häuschen sauber zu halten, die Wasserschale nachzufüllen und für ausreichend Futter (Samen und Körner) zu sorgen.
Zunächst informieren wir uns, welche Vögel in unserer Nähe ansässig sind, um die Größe des Vogelhauses zu bestimmen. Wir suchen uns einen Ort, wo wir es aufhängen, der für die Vögel geeignet ist, die empfindlich und scheu sind. Eine zu große und ständige Nähe zu Menschen ist daher zu vermeiden. Wir können ein fertiges Vogelhaus aus Holz kaufen und das Kind es anmalen lassen. Oder wir bauen selbst eines, indem wir Holzbretter zusammensetzen, mit einem ca. 3 cm großen Loch vorne und 4 kleinen Löchern (etwa 0,05 cm) an der Unterseite für den Abfluss von Flüssigkeiten und die Innenbelüftung. Wir legen nichts in das Haus hinein, denn die Vögel kümmern sich selbst um die innere Ausstattung. Um die Vögel anzulocken, stellen wir eine Schale mit Wasser und eine Futterschale mit Körnern in den Garten und warten ab. Mit etwas Geduld werden sie schon kommen!

Wolken fotografieren und malen

MATERIAL:
PASTELLFARBEN ODER BUNTSTIFTE, DIN-A4-PAPIER,
RADIERGUMMI, FOTOAPPARAT.

LERNZIELE: Vertiefung wissenschaftlicher Kenntnisse, Anregung der Beobachtungsgabe, Entwicklung der Konzentrationsfähigkeit und Schulung der Geschicklichkeit im Schreiben und Zeichnen.

WIE: Wenn wir dem Kind erklären, was Wolken sind, sensibilisieren wir es für seine Umwelt. Es lernt die physikalischen Mechanismen kennen, die Wolken entstehen lassen, und seine Neugier wird angeregt, sie auf Papier nachzumalen oder auf einem Foto zu verewigen. Zunächst sehen wir uns zu Hause gemeinsam in Bild- oder Fotobänden Wolken an und erklären dem Kind, woraus sie bestehen und wie unterschiedlich sie sein können.

Mittelschwer

Ab 3 Jahre

Unter Aufsicht eines Erwachsenen

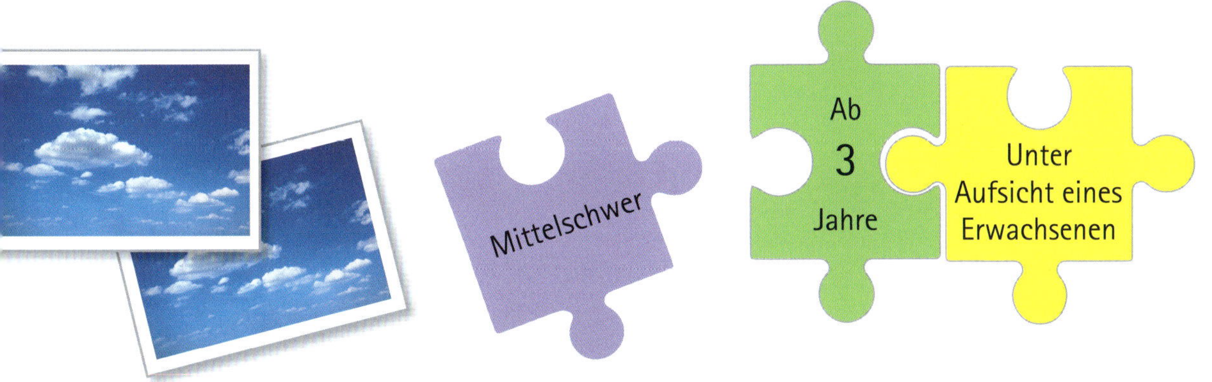

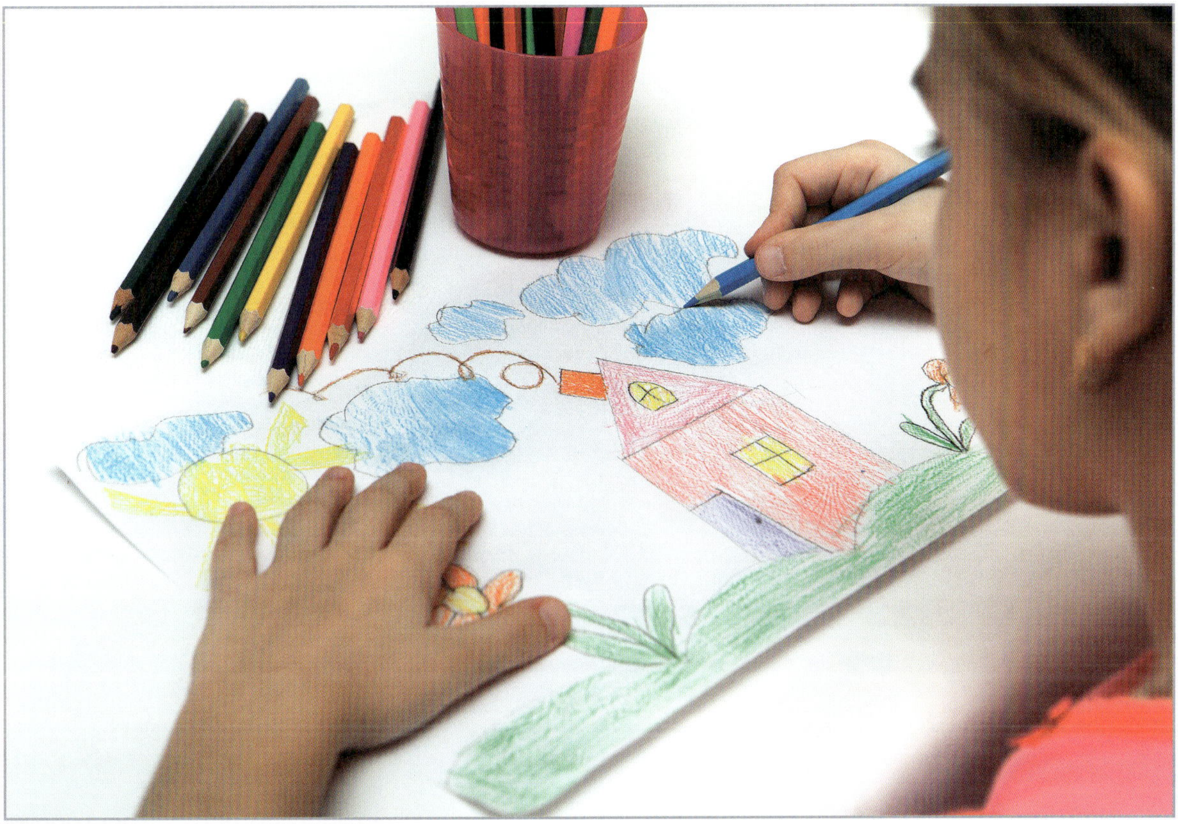

Bei größeren Kindern können wir auch ins Detail gehen.

Das Kind wird die unterschiedlichen Arten von Wolken draußen am Himmel wiedererkennen. Dazu nutzen wir Tage mit einzelnen, klar erkennbar geformten Wolken. Wir bitten das Kind, zum Himmel hochzuschauen und sie zu beobachten. Wenn es eine gefunden hat, die es besonders interessiert, schlagen wir ihm vor, sie nachzumalen oder zu fotografieren. Dann stellen wir ein Album mit allen Zeichnungen und Fotos der Wolken zusammen, das wir gemeinsam anschauen können. Dabei versuchen wir, jeder Wolke eine Form, eine Person oder eine allgemeine Bedeutung zuzuordnen.

QUELLEN

Zitate S. 6, 14 rechts, 17 aus Maria Montessori: *Das kreative Kind. Der absorbierende Geist*, Freiburg i.B. 1972, S. 2, 23.
Zitate S. 14 links, 16, 15 rechts, 23/24, 25/26, 26 rechts aus Maria Montessori: *Die Entdeckung des Kindes*, Freiburg i.B. 1969, S. 23, 57, 184f., 126, 91, 64, 91.
Zitate S. 14 rechts unten, 19, 20 aus Maria Montessori: *Kinder sind anders*, Stuttgart 1952, S. 50, 63, 77.
Zitate S. 26 rechts, 27, 28 links, 31, 39, 43 aus Maria Montessori: *Das Kind in der Familie*, Freiburg i.B. 2011, S. 117, 116, 93, 45, 67, 69, 112, 114.
Zitate S. 14 links unten, 22, 24, 26 links, 28 rechts: Selbst übersetzt.

BILDNACHWEIS

1 Nuntapan Nuntasiri/123rf.com; **2-3** Oksana Kovach/Alamy Stock Photo; **4-5** Israel Horga Garcia/123rf.com; **7** Tatyana Abramovich; **9** Popperfoto/Getty Images; **10-11** ullstein bild/Getty Images; **12-13** ullstein bild/Getty Images; **15** Zdenka Darula/123rf.com; **16** Oksana Kuzmina/123rf.com; **18** Sergey Kolesnikov/123rf.com; **19** famveldman/123rf.com; **20** Oksana Kuzmina/Shutterstock.com; **23** Jozef Polc/123rf.com; **24** Viktor Levi; **25** Trendsetter Images; **26** Lumi Images/Robert Niedring/Getty Images; **27** Ghislain & Marie David de Lossy/Getty Images; **28** famveldman/123rf.com; **29** Photographee.eu/Shutterstock.com; **30** serezniy/123rf.com; **32** ucchie79/Shutterstock.com; **33** Halfpoint/Shutterstock.com; **34** Kian Khoon Tan/123rf.com; **35** LeManna/iStock.com; **36** Halfpoint/Shutterstock.com; **37** Tadeas Skuhra/Shutterstock.com; **38** lacheev/123rf.com; **39** Mikhail Rulkov/123rf.com; **40** Anurak Ponapatimet/123rf.com; **41** Mikhail Rulkov/123rf.com; **42** Sergey Kolesnikov/123rf.com; **43** Alina Demidenko/123rf.com; **44 und Einband** Luo Hongzhi/123rf.com; **45 und hinterer Einband** Mikhail Rulkov/123rf.com; **46** Vitalij Sova/123rf.com; **47 und Einband** Sergii Moskaliuk/123rf.com; **48** Oksana Kuzmina/123rf.com; **49** Oksana Kuzmina/Shutterstock.com; **51** Yuganov Konstantin/Shutterstock.com; **54** Studio.G photography/Shutterstock.com; **55** Studio.G photography/Shutterstock.com; **56** PhotoUG/Shutterstock.com; **56-57** Rawan Hussein/123rf.com; **57** PhotoUG/Shutterstock.com; **58-59** akulamatiau/123rf.com; **59 oben und 52** David Cabrera Navarro/123rf.com; **60** Vanessa Davies/Getty Images; **61** 60dudek/123rf.com; **62** Joaquin Corbalan P/Shutterstock.com; **63 oben** Andrij Vatsyk/Shutterstock.com; **63 Mitte** Andrij Vatsyk/Shutterstock.com; **63 unten und 52** New Africa/Shutterstock.com; **64** Sergey Kolesnikov/123rf.com; **65** Svetlana Shapiro/Shutterstock.com; **66** pixelrobot/123rf.com; **67** Cornelia Van Der Vlugt/123rf.com; **68-69** VICUSCHKA/Shutterstock.com; **70** Sasi Ponchaisang/Shutterstock.com; **71 oben** thitarees/123rf.com; **71 Mitte** SewCream/Shutterstock.com; **71 unten** thitarees/123rf.com; **72** xalanx/123rf.com; **73 und 53** Pichai Pipatkuldilok/123rf.com; **74 Mitte** Nadezhda Andriiakhina/123rf.com; **74 unten** lvolodina/Shutterstock.com; **75 und 53** belchonock/123rf.com; **76** Andrij Vatsyk/Shutterstock.com; **77 oben und 52** Picsve/123rf.com; **77 Mitte** kobyakov/123rf.com; **77 unten** Desislava Draganova/123rf.com; **78 oben und 53** ©Fisher Photostudio/123rf.com; **78** Tatevosian Yana/Shutterstock.com; **79 Mitte** OBEYphoto/Shutterstock.com; **79 unten** Anna Om/123rf.com; **80 oben und Einband** Iuliia Burlachenko/123rf.com; **80** Iakov Filimonov/Shutterstock.com; **81** Albina Glisic/Shutterstock.com; **82 oben** Archivio White Star; **82-83 und 53** Elena Belic/123rf.com; **83 oben und Einband** Archivio White Star; **84 oben** Deborah Lee Rossiter/Shutterstock.com; **84** val lawless/Shutterstock.com; **85** Deborah Lee Rossiter/Shutterstock.com; **86** Vanessa Davie/Getty Images; **87 Mitte** Joaquin Corbalan/iStock.com; **87 unten** Joaquin Corbalan/iStock.com; **88-89 und Einband** StudioPhotoDFlorez/Shutterstock.com; **90 oben** nosua/123rf.com; **90 Mitte von links nach rechts** Anton Starikov/123rf.com, Anat Chantrakool/123rf.com, photka/123rf.com, Vladimir Voronin/123rf.com; **90 unten links, Mitte rechts und links** photka/123rf.com; **90 unten rechts** sfocato/123rf.com; **91** Kateryna Omelianchenko/Shutterstock.com; **92 oben** SunnyToys/Shutterstock.com; **92 unten und Mitte** Olexander Usik/123rf.com; **93 Mitte, rechts und unten** Tatyana Abramovich/Shutterstock.com; **94 oben links** Serenko Natalia/Shutterstock.com; **94 unten mittig und 52** serezniy/123rf.com; **94 unten rechts und 52** ILYA AKINSHIN/123rf.com; **94-95** Olesia Bilkei/123rf.com; **95 unten links und 52** Dmytro Skorobogatov/123rf.com; **95 unten rechts und 53** Kitch Bain/123rf.com; **98** Oksana Kuzmina/123rf.com; **99 oben** bombaert/123rf.com; **99 unten** Natalya Aksenova/123rf.com; **100 oben links und rechts** Weerapat Kiatdumrong/123rf.com; **100, 101 und 96** Oksana Kuzmina/123rf.com; **102** Vanessa Davies/Getty Images; **103** Howard Shooter/Getty Images; **104** Elva Etienne/GettyImages; **104 unten und 96** donatas1205/123rf.com; **105 oben** Ole_CNX/Shutterstock.com; **105 unten** kornienko/123rf.com; **106 und 97** SummerK Photography/Getty Images; **107** success863/Shutterstock.com; **108** MIA Studio/Shutterstock.com; **109 oben links** Luo Hongzhi/123rf.com; **109** MIA Studio/Shutterstock.com; **110 und 111** Nagy-Bagoly Ilona/123rf.com; **112 oben** tunedin123/123rf.com; **112** belchonock/123rf.com; **113 und 97** Danny Smythe/123rf.com; **114 oben und 97** Bogdan Lytvynenko/123rf.com; **114** Evgeny Atamanenko/123rf.com; **115** belchonock/123rf.com; **116-117** Thanasis Zovoilis/Getty Images; **117** Turgay Koca/123rf.com; **118 unten** esolla/iStock.com; **118-119 oben und 96** belchonock/123rf.com; **119** Liderina/Shutterstock.com; **119 unten** Jose Manuel Gelpi Diaz/123rf.com; **120 oben** Markus Mainka/123rf.com; **120** PriscillaChristian/Getty Images; **121** olesiabilkei/iStock.com; **122** Anne Green-Armytage/Getty Images; **123 oben und 96** Maksym Narodenko/123rf.com; **123** Elena Chevalier/Shutterstock.com; **124** Tina Rupp/Getty Images; **125** Maryna Pleshkun/Shutterstock.com; **125 unten** RuslanDashinsky/iStock.com; **126** sergio_kumer/iStock.com; **127 oben und 97** alchemic2015/123rf.com; **127** Hakase_/iStock.com; **127 unten** Nipaporn Panyacharoen/123rf.com; **128** Srinrat Wuttichaikitcharoen/123rf.com; **129 oben und 97** natika/123rf.com; **129 unten** Srinrat Wuttichaikitcharoen/123rf.com; **130 oben und 96** Maris Kiselov/123rf.com; **130** Wavebreak Media Ltd/123rf.com; **131 oben** Maris Kiselov/123rf.com; **131 Mitte und unten** Gergely Zsolnai; **132** Jamie Gril/Getty Images; **133** KPG_Payless/Shutterstock.com; **134 links und Einband** Bennian/Shutterstock.com; **136** bakharev/123rf.com; **137 links** David Carillet/123rf.com; **137 rechts oben** Monika Gniot/123rf.com; **137 rechts unten** yarruta/123rf.com; **138 und 135** asife/123rf.com; **138-139 und 135** belchonock/123rf.com; **139** Helen Filatova/Shutterstock.com; **140** yarruta/123rf.com; **141** Chepko Danil Vitalevich/Shutterstock.com; **142-143** Olga Listopad/Shutterstock.com; **144** famveldman/123rf.com; **145** Olesya Shelomova/123rf.com; **146 oben und 135** OXANA BERNATSKAYA/123rf.com; **146** Tatiana Kostareva/123rf.com; **147** Irina Opachevsky/123rf.com; **147 unten und 134** OXANA BERNATSKAYA/123rf.com; **148 oben und 135** Pauliene Wessel/123rf.com; **148** famveldman/123rf.com; **149** New Africa/Shutterstock.com; **150** Thanagon Srichanchom/123rf.com; **151 Mitte und unten** PhotoUG/Shutterstock.com; **152** Sergiy Bykhunenko/123rf.com; **153** Parinya Binsuk/123rf.com; **154** Nikita Alexandrov/123rf.com; **155** Maria Sbytova/Shutterstock.com; **155 oben und 134** Nikita Alexandrov/123rf.com; **156** pavelkriuchkov/123rf.com; **157 oben und 135** Igartist 79/Shutterstock.com; **157** Olga Volodina/123rf.com; **158 und 134** Veja/Shutterstock.com; **159 oben links** satina/123rf.com; **159 oben rechts** jeka81/123rf.com; **159** Hoika Mikhail/123rf.com; **160** picsve/123rf.com